T0122088

„Si vis pacem para pacem" (Wenn du den Frieden willst, bereite den Frieden vor.) – unter dieser Maxime steht das Leitbild des gerechten Friedens, das in Deutschland, aber auch in großen Teilen der ökumenischen Bewegung weltweit als friedensethischer Konsens gelten kann. Damit verbunden ist ein Perspektivenwechsel: Nicht mehr der Krieg, sondern der Frieden steht im Fokus des neuen Konzeptes. Dennoch bleibt die Frage nach der Anwendung von Waffengewalt auch für den gerechten Frieden virulent, gilt diese nach wie vor als Ultima Ratio. Das Paradigma des gerechten Friedens einschließlich der rechtserhaltenden Gewalt steht auch im Mittelpunkt der Friedensdenkschrift der Evangelischen Kirche in Deutschland (EKD) von 2007. Seitdem hat sich die politische Weltlage erheblich verändert; es stellen sich neue friedens- und sicherheitspolitische Anforderungen. Zudem fordern qualitativ neuartige Entwicklungen wie autonome Waffensysteme im Bereich der Rüstung oder auch der Cyberwar als eine neue Form der Kriegsführung die Friedensethik heraus. Damit ergibt sich die Notwendigkeit, Analysen fortzuführen, sie um neue Problemlagen zu erweitern sowie Konkretionen vorzunehmen. Im Rahmen eines dreijährigen Konsultationsprozesses, der vom Rat der EKD und der Evangelischen Friedensarbeit unterstützt und von der Evangelischen Seelsorge in der Bundeswehr gefördert wird, stellen sich vier interdisziplinär zusammengesetzte Arbeitsgruppen dieser Aufgabe. Die Reihe präsentiert die Ergebnisse dieses Prozesses. Sie behandelt Grundsatzfragen (I), Fragen zur Gewalt (II), Frieden und Recht (III) sowie politisch-ethische Herausforderungen (IV).

Weitere Bände in der Reihe http://www.springer.com/series/15668

Gerechter Frieden

Reihe herausgegeben von
I.-J. Werkner, Heidelberg, Deutschland
S. Jäger, Heidelberg, Deutschland

Sarah Jäger · Reiner Anselm
(Hrsg.)

Ethik in pluralen Gesellschaften

Grundsatzfragen · Band 3

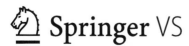

Springer VS

Hrsg.
Sarah Jäger
Heidelberg, Deutschland

Reiner Anselm
München, Deutschland

Gerechter Frieden
ISBN 978-3-658-23790-5   ISBN 978-3-658-23791-2   (eBook)
https://doi.org/10.1007/978-3-658-23791-2

Die Deutsche Nationalbibliothek verzeichnet diese Publikation in der Deutschen
Nationalbibliografie; detaillierte bibliografische Daten sind im Internet über
http://dnb.d-nb.de abrufbar.

Springer VS
© Springer Fachmedien Wiesbaden GmbH, ein Teil von Springer Nature 2019

Springer VS ist ein Imprint der eingetragenen Gesellschaft Springer Fachmedien
Wiesbaden GmbH und ist ein Teil von Springer Nature
Die Anschrift der Gesellschaft ist: Abraham-Lincoln-Str. 46, 65189 Wiesbaden, Germany

Inhalt

Ethik in pluralen Gesellschaften
Eine Einführung

Sarah Jäger

1 Herausforderungen einer Ethik in pluralen Gesellschaften

„Die Frage nach den Bedingungen, unter denen sich gesellschaftliche Konflikte freiheitswahrend austragen lassen, ist in der jüngsten Vergangenheit verstärkt ins Bewusstsein getreten. Wie lässt sich auf dem Hintergrund einer unhintergehbaren Pluralität der individuellen Überzeugungen ein verbindender Rahmen finden, der die Suche nach dem Gemeinsamen ebenso ermöglicht wie die Voraussetzung für das Nebeneinander unterschiedlicher Positionen schafft?" (Albrecht und Anselm 2017, S. 7).

Dieses Zitat beschreibt exemplarisch, vor welchen Herausforderungen zeitgenössische Ethik im kulturellen Kontext steht. Unter Ethik kann die eigenständige Reflexion über Moral als Beurteilung menschlichen Handelns und Verhaltens anhand der Unterscheidung zwischen Gut und Böse gefasst werden.

„Ethik unterzieht also die Maßstäbe, anhand derer eine bestimmte Moral menschliches Handeln beurteilt, gutheißt oder verurteilt,

© Springer Fachmedien Wiesbaden GmbH, ein Teil von Springer Nature 2019
S. Jäger und R. Anselm (Hrsg.), *Ethik in pluralen Gesellschaften*,
Gerechter Frieden, https://doi.org/10.1007/978-3-658-23791-2_1

einer eingehenden Prüfung und beruft sich dafür auf die menschliche Vernunft" (Körtner 2015, S. 36).

Um Gesellschaften zu beschreiben, erweist sich der Begriff der Kultur als sinnvoll. Kultur kann in diesem Zusammenhang als Lebenswelt, als „ein Prozess, in dem Menschen, Gruppen, oder ganze Gesellschaften um Bedeutsamkeit ringen" (Bahr 2015, S. 403) verstanden werden. Schon hier zeigt sich die Nähe zur Ethik. Der Theologin Petra Bahr (2015, S. 404) folgend verhandelt Kultur, die immer nur im Plural zu denken ist, die Güter des Lebens. Häufig wird der Begriff der Kultur in einer globalisierten Gesellschaft als ein normativ geprägtes Konzept verstanden, das zu anderen Unternehmungen in Konflikt geraten kann. Die gegenwärtige Situation in Deutschland lässt sich mit dem Begriff der Pluralität fassen.[1] Dieser zeigt an, wie vielfältig die damit beschriebenen Phänomene sind: In heutigen Gesellschaften lässt sich eine Vielfalt weltanschaulicher Überzeugungen, Religionen und moralischer Werte sowie eine Gleichzeitigkeit unterschiedlicher Lebensformen und Lebensstilen konstatieren (vgl. Witschen 2016, S. 7ff.). Das zeigt sich auch im Blick auf die Situation der beiden großen christlichen Kirchen. Ihre Mitgliederzahlen haben in den letzten Jahrzehnten abgenommen. So waren Ende 2016 schon 36,2 Prozent der deutschen Bevölkerung konfessionslos, gegenüber 28,5 Prozent Katholikinnen und Katholiken und 26,5 Prozent evangelischen Christinnen und Christen. 4.9 Prozent der Bevölkerung bekannten sich zum Islam (vgl. fowid 2017).

Die Situation einer kulturellen Pluralität ist dabei keineswegs neu, sie verbindet sich mit Problemen der Begründung. So existieren

---

1   Zugleich lässt sich die Gegenwart auf verschiedene weitere Weisen kennzeichnen, durch Schlagworte wie beschleunigte Individualisierung, funktionale Differenzierung und nicht zuletzt durch die Zusammenhänge von Globalisierung und Migration.

moralisch grundsätzlich unterschiedliche Positionen, die sich im jeweiligen kulturellen und religiösen Umfeld etwa durch Narrative ausbilden. Dieses fordert Ethik, auch evangelische Ethik, heraus. Sie sieht sich mit einem Universalismus und Relativismus von Geltungsansprüchen konfrontiert. Die Begriffe Monismus oder Universalismus sowie Relativismus beschreiben den normativen Status von Theorien (vgl. Engelhard und Heidemann 2005).

> „Die Universalität von Theorien wird typischerweise auf die An-
> nahme einer überindividuellen Rationalität zurückgeführt, die
> es jedem Menschen prinzipiell möglich macht, aufgrund von
> vernünftiger Überlegung den Gehalt einer sinnvoll formulierten
> Theorie zu erfassen, deren Geltung er sich zugleich nicht zu ent-
> ziehen vermag" (Engelhard und Heidemann 2005, S. 2).

Nach der Auffassung des Relativismus dagegen sind ethische Geltungs- und Verbindlichkeitsansprüche an individuell unterschiedliche Bedingungen und Gegebenheiten gebunden. Diese Relativität wird zumeist durch soziale, kulturelle oder historische Gegebenheiten begründet. Diese Universalität beziehungsweise Relativität der Begründung einer Ethik hat auch Auswirkungen auf die Moral. Moralische Urteile werden entweder von individuellen oder von gesellschaftlichen Bedingungen beeinflusst (vgl. Rippe 1993, S. 18). Schon in den 1970er-Jahren setzten sich Philosophen wie Karl-Otto Apel mit Fragen der Universalität auseinander und bezeichnete die Bemühungen um eine Ethikbegründung als eine „paradoxe Situation" (Engelhard und Heidemann 2005, S. 3).

Die Herausforderung ethischer Verständigung in einer pluralen Gesellschaft stellt sich nun in Fragen, die Krieg und Frieden betreffen, in besonders drängender Weise. Eine Schwierigkeit liegt nun sowohl für den deutschen Kontext als auch für die weltweite Situation in dem Wahrheits- und Absolutheitsanspruch unterschiedlicher Religionen. Hier zeigen sich Probleme und Chancen zugleich, spielen Religionen doch häufig für den Friedensprozess eine entscheidende Rolle und weisen sowohl Gewalt- als auch Friedenspotenzial auf.

2   Die Rolle von Kirchen in der Gegenwart

Kirchen stehen in der pluralen und individualisierten Gesellschaft der Gegenwart vor der Schwierigkeit, ihre eigenen Einflussmöglich-keiten und ihre Rolle im öffentlichen Raum zu klären. Dies betrifft auch Fragen der Friedensethik. Hier lassen sich drei verschiedene Linien nachzeichnen. So setzt sich Wolfgang Huber (1994) mit den Aufgaben und Chancen einer Kirche in „pluralen Öffentlichkeiten" auseinander. Er unterscheidet in diesem Zusammenhang vier So-zialformen der Kirche: Die erste Vorstellung der Kirche als heilige Kontrastgesellschaft begreift die Kirche vor allem als Wahrerin überlieferter Normen und Glaubenstraditionen, die dem Zeitgeist entgegenstehen. Etwas anders gelagert ist die zweite Perspektive, welche die Kirche als prophetische Kontrastgesellschaft versteht und ihr damit eine „exklusive Einsicht in die Funktionsweisen des Weltsystems und seines diabolischen Charakters" zutraut (Huber 1994, S. 159). Davon grundsätzlich zu unterscheiden ist das dritte Modell einer Gesellschaftskirche, die in ihren Aufgaben auf die Erfordernisse einer differenzierten Gesellschaft reagiert und auch die Inhalte der eigenen Verkündigung entsprechend anpasst. Der vierte Ansatz einer öffentlichen Kirche schließlich begreift das Evangelium Jesu Christi als eine für die Welt fremde Wahrheit, so dass sich die Frage nach der „Gestaltwerdung dieser Wahrheit unter den Bedingungen der Gegenwart" (vgl. Huber 1994, S. 159) stellt. Jede dieser Perspektiven bestimmt die Aufgabe eigener ethischer Positionierung des Protestantismus in anderer Weise. Huber selbst favorisiert den Gedanken einer öffentlichen Kirche, da eine so verstandene Kirche in einer pluralen Gesellschaft ihren Öffentlichkeitsanspruch am besten wahrnehmen könne.

Auch im politischen Raum beschäftigt man sich mit der Frage der Positionierung der Kirchen in der Gegenwart, wie etwa Bundesfinanzminister Wolfgang Schäuble (2016). Er konstatiert in der theologischen Zeitschrift „Pastoraltheologie" den engen Zusammenhang zwischen Religion und Politik, betont aber auch, dass sich die Religion auf ihre eigenen Grundlagen besinnen müsse, um erfolgreich zu sein. „Von der Reformation kann und muss aber auch der Christ heute lernen, dass Religion, um politisch zu sein, erst einmal Religion sein muss" (Schäuble 2016, S. 46). Mit diesem Ansatz setzte sich das Programm des Öffentlichen Protestantismus auseinander: Auch er sucht nach Antworten des Protestantismus, die in der Gegenwart angemessen sind. „Es geht um die wertorientierte und konkurrenzfähige Gestaltung von Pluralität, nicht um ihre mehr oder weniger heimliche Kassierung" (Anselm und Albrecht 2017, S. 8). Der Begriff des Öffentlichen Protestantismus beschreibt den Bezug des Protestantismus zur Sphäre des Politischen. Die Aufgabe des Protestantismus wird in diesem Bereich als eine Form der Ermöglichung verstanden, da der Protestantismus „eine besondere Verantwortung für das Verbindende, für die Formulierung eines gemeinsam geteilten Guten hat, innerhalb dessen der Wettbewerb unterschiedlicher Positionen erst möglich ist" (Albrecht und Anselm 2017, S. 43). Dem Öffentlichen Protestantismus wird dabei eine korrigierende Funktion zugeschrieben. „Seine Bedeutung besteht in der Markierung eines Korridors für mögliche Verständigungen und damit in der Eröffnung, nicht der positionellen Schließung des politischen Diskurses" (Albrecht und Anselm 2017, S. 43). Hier wird dem Protestantismus also eine ermöglichende und moderierende Rolle gesellschaftlicher Verständigung gerade in der globalisierten Gegenwart zugetraut.

3   Zu diesem Band

Die bundesdeutsche Gesellschaft der Gegenwart ist von einer multikulturellen Pluralität geprägt. So verkörpert das Christentum heute eine gesellschaftliche Kraft unter anderen. Der Band stellt sich die Aufgabe, Möglichkeiten christlicher Positionierung und ethischer Analyse in Friedensfragen zu erarbeiten, die sprachfähig und anschlussfähig in einer multireligiösen und pluralen Gesellschaft sind.

Der erste Beitrag von *Wilhelm Gräb* leistet eine grundsätzliche Begriffsklärung des Säkularen und des Religiösen in einer pluralen Gesellschaft, hier seien beide wechselseitig aufeinander angewiesen. Der Begriff des Säkularen gewinnt seine Bestimmung erst aus der Differenz zum Religiösen und eine Gesellschaft, die sich selbst als säkular kennzeichne, verschaffe sich so Raum für das Andere der Religion. Das Christentum möchte aber nicht nur einen partikularen Anspruch erheben, sondern vielmehr Gesellschaft mitgestalten. So setzt sich *Dirck Ackermann* vor dem Hintergrund der EKD-Denkschrift mit der Frage nach der Geltung und Reichweite christlicher Ansätze auseinander. Er untersucht, inwieweit das Leitbild des gerechten Friedens auch ein säkulares Konzept darstellen und ohne religiöse Begründungen auskommen könne. Daran anschließend fragt *Martin Laube* in Aufnahme von Jürgen Habermas nach Chancen und Grenzen einer Übersetzung vormals religiöser Überlegungen in säkulare Vernunftwahrheiten. Er betont, dass eine Übersetzung das Original nicht überflüssig mache, „vielmehr [sei] es die Übersetzung selbst, welche die unabschließbare Unübersetzbarkeit des Originals regeneriert und neu in Geltung [setze]". Eine besondere Herausforderung liegt in der Begegnung zwischen unterschiedlichen Kulturen und Religionen, treffen hier auch verschiedene Geltungsansprüche aufeinander. In Auseinandersetzung mit Wahrheits- und Absolutheitsansprüche der Religionen in einer pluralen Gesellschaft und ihren friedensethischen Folgen beschäftigen sich die nächsten beiden Beiträge. *André Munzinger* analysiert ihre theoretische Differenzierung und friedliche Gestaltung. Es gelte, Konflikten nicht auszuweichen und nach kreativen Mitteln auf den verschiedenen Ebenen (lokal, national und global) zu ihrer Lösung zu suchen. *Johannes J. Frühbauer* reflektiert das Projekt Weltethos und dessen potenziellen Möglichkeiten für eine universale Moral. Der Beitrag von *Pascal Delhom* nimmt auf der Ebene der zwischenmenschlichen Beziehung die Friedensverwirklichung in den Blick und untersucht Vertrauen als eine Grundvoraussetzung und unterstützende Ressource für eine interreligiöse und interkulturelle Begegnung in Friedensfragen. Der abschließende Ausblick von *Reiner Anselm* nimmt zentrale Linien der Beiträge auf und beleuchtet den Pluralismus als bleibende Aufgabe theologischer Reflexion. Gerade die Partikularität der Religion berge besondere Chancen für den gesellschaftlichen Diskurs, da sie für das Politische ein wichtiges Regulativ darstelle.

Literatur

Albrecht, Christian und Reiner Anselm. 2017. *Öffentlicher Protestantismus. Zur aktuellen Debatte um gesellschaftliche Präsenz und politische Aufgaben des evangelischen Christentums.* Zürich: Theologischer Verlag.

Anselm, Reiner. 2017. Kategorien ethischen Urteilens im Konzept des gerechten Friedens. In *Gerechter Frieden als Orientierungswissen?*, hrsg. von Ines-Jacqueline Werkner und Christina Schües, 35–45. Wiesbaden: Springer VS.

Bahr, Petra. 2015. Ethik der Kultur. In *Handbuch der Evangelischen Ethik*, hrsg. von Wolfgang Huber, Torsten Meireis und Hans-Richard Reuter, 401–450. München: C.H. Beck.

Engelhard, Kristina und Dietmar H. Heidemann (Hrsg.). 2005. *Ethik-begründungen zwischen Universalismus und Relativismus*. Berlin: Walter de Gruyter.

Evangelische Kirche in Deutschland (EKD). 2007. *Aus Gottes Frieden leben – für gerechten Frieden sorgen. Eine Denkschrift des Rates der Evangelischen Kirche in Deutschland*. Gütersloh: Gütersloher Verlagshaus.

Forschungsgruppe Weltanschauungen in Deutschland (fowid). 2017. Religionszugehörigkeiten in Deutschland 2016. https://fowid.de/meldung/religionszugehoerigkeiten-deutschland-2016. Zugegriffen: 20. Juli 2018.

Habermas, Jürgen. 2001. *Glauben und Wissen. Friedenspreis des Deutschen Buchhandels 2001*. Frankfurt a. M.: Suhrkamp.

Huber, Wolfgang. 1994. Öffentliche Kirche in pluralen Öffentlichkeiten. *Evangelische Theologie* 54 (2): 157–180.

Körtner, Ulrich H. J. 2015. Ethik, Moral. In *Evangelische Ethik kompakt*, hrsg. von Reiner Anselm und Ulrich H. J. Körtner, 33–40. Gütersloh: Gütersloher Verlagshaus.

Rippe, Klaus Peter. 1993. *Ethischer Relativismus. Seine Grenzen – Seine Geltung*. Paderborn: Ferdinand Schöningh.

Schäuble, Wolfgang. 2016. Das Reformationsjubiläum 2017 und die Politik in Deutschland und Europa. *Pastoraltheologie* 105 (1): 44–49.

Witschen, Dieter. 2016. *Ethischer Pluralismus. Grundarten – Differenzierungen – Umgangsweisen*. Paderborn: Ferdinand Schöningh.

Das Säkulare und das Religiöse in pluralen Gesellschaften – eine Begriffsbestimmung

Wilhelm Gräb

1 Einleitung: Die säkulare Unterscheidung

Der Begriff des Säkularen ist zu einem der Grundbegriffe in der Selbstbeschreibung moderner Gesellschaften geworden. Mit Hilfe des Begriffs des Säkularen beziehungsweise der Säkularität bestimmen moderne Gesellschaften ihr Verhältnis zum Religiösen beziehungsweise zur Religion und den Religionen. Der Begriff des Säkularen gewinnt seine Bestimmung allerdings auch erst aus der Differenz zum Religiösen. Eine sich mit dem Begriff des Säkularen in ihrem Verhältnis zum Religiösen selbst beschreibende Gesellschaft verschafft sich Raum für das Andere der Religion.

Mit dem Begriff des Säkularen unterscheidet die Religion sich von sich selbst. Vermittels der Unterscheidung vom Säkularen gewinnt sie zugleich die Möglichkeit, sich als Religion zu bestimmen. Als Resultat der Selbstunterscheidung der Religion von sich ist das Säkulare demnach auch keineswegs mit Nicht-Religion oder gar Anti-Religion gleichzusetzen. Die Unterscheidung des Säkularen vom Religiösen öffnet vielmehr, indem vermöge ihrer die Religion

© Springer Fachmedien Wiesbaden GmbH, ein Teil von Springer Nature 2019
S. Jäger und R. Anselm (Hrsg.), *Ethik in pluralen Gesellschaften*,
Gerechter Frieden, https://doi.org/10.1007/978-3-658-23791-2_2

sich von sich selbst unterscheidet, den Blick auf die Pluralität der Formen des Religiösen und die Vielfalt der Religionen.

Die Unterscheidung des Säkularen vom Religiösen lässt die Religion von außen sehen. Sie macht somit den Diskurs *über* Religion zuerst möglich, wie sie auch ein differentes Verhalten *zur* Religion erlaubt. Was als Religion gilt, verdankt sich jetzt diskursiver Zuschreibung. Ebenso bringt die säkulare Unterscheidung den sozialen Tatbestand hervor, dass es Institutionen und erst recht Individuen offensteht, ihr Verhältnis zur Religion und zu den Religionen selbst zu bestimmen. Es ist die säkulare Unterscheidung, die, indem sie das Andere zur Religion hervorbringt, die Selbstbestimmung über religiöse Zugehörigkeiten, über die Anerkennung religiöser Glaubensinhalte und über die Teilhabe oder Nicht-Teilhabe an religiösen Partizipationsformen ermöglicht. Die säkulare Unterscheidung, so kann man daher auch sagen, eröffnet einer Gesellschaft den Raum für praktizierte Religionsfreiheit, im negativen wie positiven Sinn, als Freiheit *von* wie als Freiheit *zur* Religion.

In dem allen reflektiert die Unterscheidung des Säkularen vom Religiösen die Situation der Religion in der modernen Kultur, wie sie sich seit der 2. Hälfte des 18. Jahrhunderts in der westlichen Welt entwickelte. Gegen Ende des 19. Jahrhunderts wurde der Begriff der Säkularisierung schließlich, insbesondere durch den deutschen Historismus, zu einer deskriptiven Prozesskategorie, die die Herausbildung einer für die Moderne kennzeichnenden säkularen Kultur beschreiben sollte. Konkret gemeint war mit dieser säkularen Kultur freilich die Befreiung von einer hegemonialen, alle Kulturbereiche dominierenden Kirche. Eine säkulare Kultur sollte eine solche sein, in der sich die Kirche auf ihre spezifisch religiösen Angelegenheiten konzentriert und sich nicht mehr so sehr in die Bereiche von Politik, Wissenschaft und Bildung einmischt (vgl. dazu die klassische begriffsgeschichtliche Studie Lübbe 1965). Die Kirche erlitt auf dem Weg in die religiös aufgeklärte

Moderne, so die These Hermann Lübbes (1965), einen enormen Bedeutungsverlust dadurch, dass sie Zuständigkeit für andere gesellschaftliche Funktionen als die explizit religiösen einbüßte, da dies zunehmend mit ihrem Ausfall als eines „Mittels sozialer Kontrolle" (Lübbe 2004, S. 91) einherging. Die, die hegemoniale gesellschaftliche Präsenz der Kirche schwächende, religionsgeschichtliche Entwicklung, zu der dann seit den 1970er-Jahren auch noch der bis heute anhaltende Mitgliederschwund hinzukam, wurde dann auch immer wieder als gesellschaftliche Marginalisierung der Religion beziehungsweise geradezu als ihr Verfall wahrgenommen (Zachhuber 2007, Rieger 2009).

Die Diagnose der heutigen religiösen Lage ist schwierig. Obwohl die gesellschaftliche Bedeutung der kirchlich institutionalisierten Religion abnimmt, ist die gesellschaftliche Kommunikation *über* Religion, die Kirchen und Religionen lebendig wie nie. Prozesse der Verkirchlichung, des Rückzugs der Kirchen auf sich selbst, schreiten ebenso voran wie Prozesse der Entkirchlichung, des Mitgliederverlustes und des Dahinschwindens kirchlich vermittelten religiösen Wissens.

Das säkulare Außenverhältnis zur Religion wird seit der Aufklärung ein großes Thema in der Philosophie wie der Theologie und schließlich, im späteren 19. Jahrhundert, auch der sich mit Religion befassenden, in der Kritik der Religion ihr Zentrum findenden Human- und Erfahrungswissenschaften, der Soziologie und der Psychologie. Sie alle machen die Religion zum Gegenstand des Wissens und der Kritik. Sie reflektieren ihr Vorkommen in der sozialen Wirklichkeit und identifizieren dieses nicht mehr allein in der Kirche und den ihr gläubig Angehörenden, sondern auch in der Kunst und der Literatur sowie in neuen sozialen Bewegungen. Es werden die Individualisierung, Familialisierung und Pluralisierung des Religiösen beschrieben. Im Blick schon auf das Deutschland vor dem 1. Weltkrieg spricht der Historiker

Thomas Nipperdey von einer „Religion im Umbruch" (1988), womit er das Entstehen einer „vagierenden", sich aus kirchlichen Zugehörigkeiten und dogmatischen Verbindlichkeiten lösenden, inhaltlich vage werdenden Religion meint.

Für die Kirche sowie die den christlichen Glauben in seinem Selbstverständnis explizierende Theologie liegen in dieser Entwicklung einer autonomen, sich von kirchlichen und theologischen Vorgaben lösenden Kultur erhebliche Herausforderungen. Sie bestehen darin, dieses Außerhalb einer Kultur, die sich souverän zur Religion und auch zu Theologie und Kirche verhält, in die Explikation des christlichen Glaubens aufzunehmen. Auch die Theologie kann es sich nicht mehr erlauben, allein die kirchliche Binnenperspektive des christlichen Glaubens einzunehmen. Sie muss von außen auf Religion, Glauben und Kirche blicken und eben damit eine säkulare Perspektive einnehmen. Sie muss versuchen, eine Sprache zu sprechen, die der säkularen, im Außenverhältnis zu Kirche, Religion und Glaube stehenden Kultur verständlich ist. Auch die Theologie muss in die Kommunikation *über* Religion eintreten und sich zur Individualität und Pluralität ihres Vorkommens in der Gesellschaft verhalten.

2   Die missverständliche Säkularisierungsthese

Im begriffsgeschichtlichen Hintergrund der Unterscheidung des Säkularen vom Religiösen stoßen wir auf die Rede von der Säkularisation beziehungsweise der Säkularisierung. Auf die mit diesen Begriffen verbundene Debatte bin ich am Rande schon eingegangen. Ich kann sie in diesem Beitrag nicht detailliert verfolgen (vgl. Lübbe 1965; Zabel und Alber 1984; Barth 2003). Hervorgehoben sei hier nur noch, dass der Begriff der Säkularisation zunächst einen Statusübergang, den vom Ordens- zum Weltgeistlichen, bezeichnete. Sodann und vor allem galt er dem rechtlich-politischen Vorgang der Übereignung der Kirchengüter – sowohl was die politischen Herrschaftsrechte als auch die Vermögensrechte anbelangte – in staatliches Eigentum und staatliche Verfügungsgewalt, ein Vorgang, der sich im Wesentlichen mit dem Reichsdeputationshauptschluss von 1803 verbindet, in dessen Text der Begriff der „Säkularisation" vorkommt (vgl. Schröder 2007). Der Statusübergang vom Ordens- zum Weltgeistlichen, sowie die Enteignung der Kirchengüter durch die Fürsten und Reichsstände, verweist darauf, dass geistliche in weltliche Herrschaft übergeht. Dabei liegt es auf der Hand, dass es völlig schief wäre, die Distinktion zwischen geistlich und weltlich mit einem Verlust der Bedeutung der Religion in der Gesellschaft in einen näheren Zusammenhang zu bringen. Genau dies ist jedoch geschehen, indem aus dem politisch-rechtlichen Vorgang der Säkularisation nicht nur die deskriptive Prozesskategorie zur Beschreibung der Transformation des Christentums in der modernen Kultur wurde. Die kulturdiagnostische Säkularisierungsthese dient vielmehr dazu, die unbestreitbaren Phänomene des Mitgliederverlustes der Kirchen und eines Rückganges ihrer gesellschaftlichen Präsenz, den Schwund auch traditionell religiösen Wissens, als Zeichen eines in der modernen Gesellschaft zunehmenden Religionsverfalls zu interpretieren (Pollack 2003).

Die Säkularisierungsthese dient jetzt immer auch der kirchenpolitischen Absicht, die soziale Reichweite der Religion auf kirchliche Zugehörigkeits- und Bindungsverhältnisse einzuschränken (vgl. Pollack und Wegner 2017). Vielleicht findet sie deshalb ihre Anhänger gerne unter denjenigen Kirchentheologen und Kirchensoziologen, die die gelebte Religion normativ an die kirchliche Dogmatik und ihre Semantik des Glaubensausdrucks binden.[1] Wenn man will, kann man insofern in der Säkularisierungsthese immer noch die „Säkularisation" als einen illegitimen Enteignungsvorgang durchschimmern sehen (Blumenberg 1996). Die Religion wird als etwas aufgefasst, das der Kirche und den ihr gläubig Verbundenen gehört. Sie hat ihrer kirchlich-dogmatischen Selbstbeschreibung zu folgen und in engagierter kirchlicher Bindung gelebt zu werden. Tut sie dies nicht, folgt sie einem in kirchlich-theologischer Sicht illegitimen neuzeitlichen Autonomiestreben, wird sie schließlich zur Nicht-Religion, gar zur Anti-Religion oder es entsteht religiöse Indifferenz (vgl. EKD 2014).

Die auf Religionsverfall deutende Säkularisierungsthese wird seit längerem jedoch ebenso energisch bestritten, eben weil sie weder der Diskursivität der Religion und ihrer programmatisch kulturellen Zuschreibungspraxis (Matthes 1992), noch ihrer anthropologischen (Luckmann 1991), noch ihrer gesellschaftlichen Funktion (Luhmann 2002) Rechnung trägt.

3   Ein religionsfreundlicher Begriff des Säkularen

Der Begriff des Säkularen kann zudem auch so aufgenommen werden, dass mit ihm gerade keine Behauptung über einen zunehmenden gesellschaftlichen Bedeutungsverlust der Religion verbunden wird, sondern er für eine autonome Kultur steht, die ein kritisches Außenverhältnis zur Religion ermöglicht, das gerade deren fundamentale gesellschaftliche Bedeutung hervortreten lässt. Dann initiiert der Begriff des Säkularen die Kommunikati-

---

1   Das zeigen viele der Beiträge in dem Band von Pollack und Wegner (2017).

on *über* Religion und die Religionen, über Kirche und Theologie, ihre Bedeutung für und Funktion in der Gesellschaft. Dann bezeichnet der Begriff des Säkularen eben dieses Außen, von dem aus die Religion auf sich selbst zu reflektieren und über sich zu kommunizieren vermag.

Einen aufschlussreichen Vorstoß in diese Richtung hat der Staatsrechtler Horst Dreier in seinem kürzlich erschienenen Buch zur Säkularisierungsthematik gegeben (Dreier 2018). Er arbeitet darin ein spezifisch verfassungsrechtliches Verständnis der Kategorie des „Säkularen" heraus. Im Verfassungsrecht, so seine Argumentation, dient die Behauptung der Säkularität des Staates in einer pluralen Gesellschaft genau dazu, die Religion weder politisch zu vereinnahmen, noch durch ein hegemoniales Kirchentum zu domestizieren, sondern sie in der Zivilgesellschaft sich in ihrer Vielfalt entfalten zu lassen.

> „Wenn […] Verfassungsrechtler vom säkularen (manchmal auch säkularisierten) Staat oder von dessen ‚Säkularität' sprechen, dann meinen sie keineswegs einen a- oder irreligiösen Staat, sondern einen, der Religions- und Weltanschauungsfreiheit gewährleistet und religiös-weltanschauliche Neutralität praktiziert. Dieser säkulare Staat könnte theoretisch ausschließlich von gläubigen Bürgern im Sinne Habermas' bevölkert sein […]. Oder anders gesagt: Wir dürfen die Säkularisierung des Staates nicht mit der Säkularisierung der Gesellschaft gleichsetzen oder verwechseln" (Dreier 2018, S. 20).

Der säkulare Staat wird als Garant einer Pluralisierung der Religionen und des Religiösen in der Gesellschaft beschrieben. Der Staat ist säkular, wenn er sich religionsneutral verhält. Er verzichtet *erstens* auf religiöse Selbstlegitimation. Er enthält sich *zweitens* der Bevorzugung einer bestimmten Religion. Er tritt *drittens* nicht als sinnstiftende Instanz auf.

Religionsneutralität, das muss allerdings auch gesagt werden, bedeutet für Dreier nicht Wertneutralität. Der deutsche Verfassungsstaat ist schließlich an das Grundgesetz und die mit diesem vorgegebenen Grundwerte gebunden. Diese Grundwerte, die die Religionsfreiheit inkludieren, beschreiben den normativen Rahmen, in dem sich dann auch die freie Religionsausübung bewegen muss.

4   Vom Säkularen zum Postsäkularen

Die säkulare Unterscheidung kann geradezu die Augen für die gesellschaftliche Bedeutung der Religion auch in modernen Gesellschaften öffnen. Sie tut dies, indem sie einen Diskurs über Religion eröffnet, der den religiösen Binnendiskurs aufsprengt. Dann nötigt sie dazu, nicht nur die in diesem Diskurs vertraute und in ihrer Bedeutung verständliche religiöse Symbolsprache zu sprechen, sondern die Bedeutung religiöser Sprache und damit religiöser Sinndeutung auch nach außen, also im säkularen Raum, zu kommunizieren.

Jürgen Habermas hat in der Folge von 9/11 das Konzept einer säkularen Kultur entwickelt, der die Religion zwar als etwas ihr Fremdes erscheint, mit dem sich bekannt zu machen sie allerdings durchaus Veranlassung sieht. Diese gesellschaftliche Konstellation hat er mit großer Resonanz eine „postsäkulare" genannt (Habermas 2001, 2005). Eine postsäkulare Gesellschaft ist für Habermas eine solche, „die sich auf das Fortbestehen religiöser Gemeinschaften in einer sich fortwährend säkularisierenden Gesellschaft einstellt" (Habermas 2001, S. 13). Vor allem angesichts des Erstarkens des Islams auch in Europa sollte ein neues Nachdenken über die soziale Reichweite des Säkularen beginnen. Die auf dem säkularen Standpunkt stehen, sollten anerkennen, dass die Religion dem „Interesse" entgegenkommt, „im eigenen Haus [dem, in dem die

Säkularen wohnen, Anm. d. Verf.] der schleichenden Entropie der knappen Ressource Sinn entgegenzuwirken" (Habermas 2001, S. 29). In einer postsäkularen Gesellschaft wächst somit die Einsicht, dass der Religion und damit auch den sie konkret realisierenden Religionen keineswegs der „Wahrheitsanspruch" (Habermas 2001, S. 36) zu bestreiten ist. Habermas kann den „gläubigen Bürgern", die den Wahrheitsanspruch ihrer Religion vertreten, zugestehen, „in religiöser Sprache Beiträge zu öffentlichen Diskussionen zu machen" (Habermas 2001, S. 36). Umgekehrt empfiehlt er aber auch den „säkularisierten Bürgern", diesen „Wahrheitsanspruch" anzuerkennen. Darüber hinaus weist Habermas auf die Möglichkeit der „Übersetzung" des Religiösen ins Säkulare hin. Er möchte schließlich, dass beide Seiten, die Säkularen wie die Religiösen, sich an diese Übersetzungsarbeit machen. Jenen säkularen Bürgern, die noch der Auffassung sein sollten, dass die Religionen sich in der modernen Gesellschaft überlebt haben, dürfte das allerdings als eine inakzeptable Zumutung erscheinen. Ihnen jedoch hält Habermas entgegen:

> „Eine liberale politische Kultur kann sogar von den säkularisierten Bürgern erwarten, dass sie sich an Anstrengungen beteiligen, relevante Beiträge aus der religiösen in eine öffentlich zugängliche Sprache zu übersetzen" (Habermas 2001, S. 36).

Im Hintergrund der Aufforderung zur Übersetzung des Religiösen ins Säkulare steht die Einsicht, dass von der Religion „relevante Beiträge" im öffentlichen Diskurs zu erwarten sind. Sie hat etwas zu bieten, was der säkularen Kultur fehlt. Auch den säkularen Bürgern wird deshalb zwar nicht nahegelegt, dass sie selbst religiös werden, einen religiösen Glauben für sich übernehmen oder dergleichen. Sehr wohl aber sollen sie versuchen, religiöse Gehalte, sofern sie eine gesellschaftliche Relevanz erwarten lassen, in ihrer Bedeutung zu verstehen. Was für Gehalte sind das? Habermas spricht von Sinnressourcen, die in einer säkularen Kultur knapp werden. Er spricht nicht von normativen Orientierungen, nicht von Ethik und Moral, sondern von der „knappen Ressource Sinn" (Habermas 2001, S. 29). Das ist meines Erachtens wichtig, weil es zeigt, dass Habermas durchaus versteht, worum es der Religion spezifisch geht, was sie für die Gesellschaft relevant macht und weshalb sie nicht durch anderes, auch nicht durch Moral, ersetzt werden kann.

Die Sprache der Religion sind der Mythos und das Symbol, die nach Habermas' Ansicht dunkle archaische Wurzeln haben. Mythen und Symbole werden in Ritualen weitergegeben, die nur denen nachvollziehbar und in ihren Sinngehalten verständlich sind, die sie in ihrer religiösen Sozialisation gelernt haben und weiter mit ihnen leben. Alle anderen sind darauf angewiesen, dass sich die Sinnressourcen, die die religiösen Symbolsprachen in sich bergen, auch in eine säkulare Sprache übersetzen lassen. Die „Gläubigen", wie Habermas sie nennt, stehen somit vor der Herausforderung, ihre religiöse Symbolsprache so auszulegen, dass sie auch denen Sinn Stiftendes zu verstehen gibt, die diese Sprache nicht sprechen und in den entsprechenden Vorstellungs- und Glaubenswelten sich zu bewegen nicht gelernt haben. An dieser Aufgabe sollen und können sich aber auch die „säkularen Bürger" beteiligen. Offensichtlich also verstehen auch sie die religiöse Sprache durchaus. Wie sollten sie sonst diese Arbeit der Übersetzung religiöser Sprache in eine säkulare, auch den Nicht-Religiösen verständliche Sprache mitvollziehen können? Und nicht nur das, wenn sie die Religion und damit das, was diese möglicherweise an „relevanten Beiträgen" in die öffentlichen Diskussionen einzubringen in der Lage ist, gar nichts anginge und nicht zu interessieren bräuchte, warum sollten sie sich dann an dieser Übersetzungsarbeit beteiligen *wollen*? Säkulares und Religiöses sind offensichtlich, nach Habermas' Auffassung, füreinander durchlässig. Die säkulare Kultur ist ihm eine solche, die das Religiöse nicht von sich ausschließt, sondern in seiner

Pluralität als zum Säkularen gehörig anerkennt. Was Habermas nur verlangt, das ist, dass dieser Blick von außen eingenommen wird, die säkularen, das heißt in diesem Fall religiös ungebundenen Bürger, Interesse für den Sinn der Religion zeigen und die religiös gebundenen Bürger ihren Glauben so auszusagen sich bemühen, dass hervortritt, welchen Sinn er dem Leben zu geben vermag.

5   Die plurale Kultur und das Unbehagen an der Moderne

Die Durchlässigkeit zwischen dem Säkularen und dem Religiösen verlangt von der säkularen Seite, dass sie das Religiöse in seiner Pluralität als zur säkularen Kultur gehörig erkennt. Genauso muss die religiöse Seite die Pluralität der säkularen Kultur anerkennen. Vor allem muss die religiöse Seite zugestehen, dass das Säkulare, also der kritische Blick von außen auf die Religion, wie auch die Kommunikation mit diesem Außen, sich mit dem religiösen Glauben durchaus verträgt. Eine Anerkennung der Transformationen des Religiösen unter den Bedingungen der modernen säkularen Kultur wird möglich, auch theologisch und kirchlich.

Was passiert, wenn die Bereitschaft zu dieser Anerkennung des Säkularen als einer modernen Realisationsgestalt des Religiösen fehlt, das hat Charles Taylor (2009) mit seinem Buch über das „säkulare Zeitalter" vorgeführt. Taylor, der das „säkulare Zeitalter" mit der Reformation beginnen lässt, folgt der auf Religionsverfall deutenden Säkularisierungsthese, indem er Max Webers Rede von der Entzauberung der Welt wieder aufnimmt. Er beobachtet allerdings ebenso das Aufleben neuer „Formen des Religiösen" (Taylor 2002). Diese kommen gegen den Verlust des (katholischen) Glaubens nicht an. Die große Mehrheit der Menschen hat, so Taylor, den kirchlichen Glauben verloren, was ihm gleichbedeutend damit ist, dass sie aufgehört haben, das Christentum zu praktizieren. Es mögen neue Formen des Religiösen entstehen, in denen sich das moderne Ideal authentischer Expressivität von Individualität Ausdruck verschafft. Das alles ändert für ihn nichts daran, lässt nur noch deutlicher erkennen, dass die christliche Religion, die er an ihre kirchliche Glaubensgestalt gebunden sieht, allenfalls noch eine *Option* ist, sich im Leben zu orientieren.

Zu dieser unbehaglichen Sicht auf die säkulare Kultur, welche die der Moderne ist (Taylor 1996), sieht sich Taylor deshalb genötigt, weil ihm wahrer Glaube die Bindung an die (katholische) Kirche und ihre Dogmen verlangt. In den neuen, pluralen „Formen des Religiösen" kann er zwar die Sehnsucht nach einem *Sense of Fullness* „Gefühl der Fülle" (Taylor 2009, S. 18, Taylor 2007, S. 5) und damit nach der Ganzheit von Sinn erkennen. Aber die neuen „Formen des Religiösen" können für ihn keine kollektiv verpflichtende Wahrheit mehr begründen.

In vormodernen Zeiten, in denen die Menschen nach Taylors Vorstellung noch glaubensstark in einer verzauberten Welt lebten, waren es die religiösen wie weltlichen Autoritäten, die mit den Pflichten fürs Leben, die sie auferlegten, diesem gewissermaßen auch den Richtungssinn vorgaben. Sie vermittelten den Menschen das Gefühl, einen Platz im Leben zu haben und gebraucht zu werden. Es war die gottgefügte Ordnung, die das Leben der Gemeinschaft, in die die Individuen eingebunden waren, bestimmte und die einen Sinn vorgab, in dem man sich aufgehoben wissen konnte.

Die von Taylor in den Blick genommenen neuen „Formen des Religiösen" zeigen jedoch, dass die gelebte Religion für ihn jene Transformation erfährt, wonach sie sich nun auf der Selbst- und Sinndeutungskompetenz der Individuen aufbaut. Damit kommt aber auch er letztlich nicht umhin, zumindest indirekt zuzugestehen, dass die soziale Präsenz des Religiösen kaum noch den normativen Erwartungen der Kirche gehorcht, sondern sich aus

Gelegenheiten ergibt, die das Religiöse eher unauffällig und dogmatisch unbestimmt in die Beziehungsmuster und Netzwerke der Lebenswelt einweben.

6   Die säkulare Unterscheidung als „diskursiver Tatbestand"

Das Säkulare ist das Andere des Religiösen. Es muss nicht das Areligiöse, schon gar nicht das Antireligiöse sein. Das Säkulare kann auch das religiös Unbestimmte, aus nicht näher bestimmten Gründen zur institutionalisierten Religion in Distanz Tretende sein. Was das Religiöse ist, steht genauso wenig ungefragt fest, wie was das Säkulare ist. Die Bestimmung des Religiösen hängt davon ab, was von ihm ausgeschlossen und dem Säkularen zugewiesen wird. Das aber zeigt noch einmal, dass wir es sowohl beim Begriff des Religiösen wie dem des Säkularen mit einem „diskursiven Tatbestand" (Matthes 1992) zu tun haben.[2] Es gibt das Religiöse nicht, ohne dass ihm bestimmte Phänome in der sozialen Welt zugeschrieben werden. Ebenso ist es mit dem Säkularen und beide Begriffe stehen dabei in Wechselwirkung. Weil sich Niklas Luhmann im Zusammenhang seiner Theorie einer funktionalen Differenzierung der modernen Gesellschaft mit diesen dialektischen Beziehungsverhältnissen befasst hat, ist hier auch noch eine Bezugnahme auf sein Religionskonzept (Luhmann 1977, 2002) erforderlich.

---

2   Der Soziologe Joachim Matthes (1992) machte den immer noch höchst bedenkenswerten Vorschlag, das soziale Vorkommen von Religion als einen „diskursiven Tatbestand" zu bezeichnen und in der Verwendung des Wortes „Religion" eine „kulturelle Programmatik" im Umgang mit der Unterscheidung von Transzendenz und Immanenz zu erkennen.

Die Säkularisierungsthese, versteht man sie als Behauptung eines Verfalls der Religion oder auch nur eines Rückgangs ihrer Bedeutung in der modernen Gesellschaft, hat Luhmann radikal bestritten (Luhmann 1977, S. 225ff.). Dennoch war er der Meinung, dass die säkulare Unterscheidung zu machen ist. Luhmann erklärte sie im Zusammenhang seiner Theorie einer funktionalen Differenzierung der modernen Gesellschaft. „Säkularisierung" beschreibt Luhmann als Folge der gesellschaftlichen Ausdifferenzierung der Religion, die allerdings mit ihrer Spezifikation auf die religiöse Funktion einhergeht. Andere gesellschaftliche Funktionsbereiche wie Staat und Recht, Wirtschaft, Wissenschaft und Erziehung sind demgegenüber davon entlastet, ebenfalls Religiöses zu betreiben. Die Religion soll tun, was ihre Sache ist. Dann bleibt sie für das Ganze der Gesellschaft relevant, ja unverzichtbar. Sie hat sich jedoch nicht in alles einzumischen. Was nicht spezifisch die Funktion der Religion erfüllt, fällt in den Bereich des Säkularen. Das klingt, als wäre es die Lösung unseres Problems, ist es aber so einfach nicht. Denn was ist das Religiöse, wo kommt es so vor, dass es dort seine gesellschaftliche Funktion erfüllt? Dieses Problem hat Luhmann ebenfalls gesehen und sich intensiv mit ihm auseinandergesetzt. In seinem posthum erschienenen Buch über „Die Religion der Gesellschaft" (Luhmann 2002) steigt Luhmann mit der Frage ein: „Woran erkennen wir, diese Frage muss zuerst gestellt und beantwortet werden, dass es sich bei bestimmten sozialen Erscheinungen um Religion handelt?" (Luhmann 2002, S. 7).

Wenn es darum geht, nicht allein subjektiv religiös zu sein, seinen persönlichen Glauben zu leben, sondern über Religion zu kommunizieren, vor allem auch mit solchen, die einen anderen Glauben oder eben auch gar keinen haben, steht immer die Frage im Raum, was „Religion" eigentlich ist, beziehungsweise was es heißt, religiös zu sein. Es ist der Begriff der Religion zu bestimmen. Es ist der Umfang des Begriffs zu klären. Es sind begriffliche Abgrenzungen vorzunehmen, so dass in eine Kommunikation darüber eingetreten werden kann, was in der sozialen Welt Religion ist und was nicht, was somit das Religiöse und was das Säkulare ist. Es ist auszumachen, wofür die Religion in der Gesellschaft steht, was ihre Funktion ist, welche Probleme sie lösen hilft, was ihre Kulturbedeutung ausmacht und mit welchen Praktiken sie diese realisiert. Man kann insofern auch sagen, dass es die Außen- beziehungsweise Beobachterperspektive auf die Religion ist, die es macht, dass man sie nicht mehr in den traditionellen religiösen Institutionen nur vorfindet, sondern sie zu einem „diskursiven Tatbestand" (Matthes 1992, S. 129) wird. Damit ist dann aber immer auch die „kulturelle Programmatik" (Matthes 1992, S. 132) zu bestimmen, für die das Wort „Religion" steht.

An die Stelle institutionalisierter Zuständigkeiten in den Angelegenheiten der Religion, die über Jahrhunderte bei Theologie und Kirche lagen, ist dann auch eine Vielzahl kultureller Religionsprogrammatiken beziehungsweise Religionsinterpretationsinstanzen getreten. Religion hat sich in der modernen Kultur pluralisiert, individualisiert und privatisiert. Die Kirchen und Religionsgemeinschaften finden sich auf einem Markt von Religionsanbietern wieder, auf dem sie sich mit ganz neuen, zuvor oft auf anderem Terrain tätigen Konkurrenten auseinandersetzen müssen. Die Theologie wiederum muss ihre Zuständigkeit für die Kommunikation *über* Religion mit der Philosophie, den Religions-, Sozial- und Kulturwissenschaften teilen. Sie kann es sich nicht mehr leisten, allein für die Binnenperspektive im Stil der Affirmation der traditionellen Dogmatik des christlichen Glaubens zuständig zu sein.

Aufgrund der funktionalen Differenzierung der modernen Gesellschaft wird, so Luhmann, die Religion nicht mehr für Legitimationsbedürfnisse und Letztbegründungsnotwendigkeiten in anderen gesellschaftlichen Funktionssystemen wie der Politik, dem Recht, der Moral gebraucht (Luhmann 2002, S. 187ff.; ebenso Lübbe 2004). Sie hat insofern aber auch nicht mehr an deren Disziplinierungskräften teil. Zugleich hat dies jedoch den Vorteil, dass sie auf ihre spezifische gesellschaftliche Funktion *als* Religion zurückkommen kann. Sie kann sich jetzt ganz ihrer spezifischen Aufgabe widmen, für das Ganze der Gesellschaft ein Bewusstsein davon präsent zu halten, dass wir uns auch noch in sinnverwirrenden Kontingenzerfahrungen in den Sinn des Ganzen, seiner Unbegreiflichkeit zu Trotz, einbezogen finden können. Es bleibt den Individuen überlassen, wie sie sich auf dem Markt der religiösen Symbol- und Ritualanbieter verhalten. Lebensführungspraktisch notwendig ist es für die Individuen nicht, explizit religiös zu sein beziehungsweise an religiöser Kommunikation zu partizipieren (Luhmann 2002, S. 289f.). So nimmt beides zu, eine Praxis religiös gesteigerter wie religiös indifferenter Lebensführung. Das eine wie das andere ist möglich, und beides kann noch einmal mit vielen Graden der Abstufung und Differenzierung realisiert werden. Diese Deinstitutionalisierung und Individualisierung der Religion in der modernen Kultur ist für Luhmann insofern auch am ehesten das, was man mit dem Begriff der Säkularisierung beziehungsweise des Säkularen fassen kann (Luhmann 2002, S. 278ff.). Luhmann war wichtig zu betonen, dass die Gesellschaft als Ganze auf die Sinnform des Religiösen nicht verzichten kann. „Sinnformen werden als religiös erlebt, wenn ihr Sinn zurückverweist auf die Einheit der Differenz von beobachtbar und unbeobachtbar und dafür eine Form findet" (Luhmann 2002, S. 35). Individuen können mehr oder weniger religiös sein. Sie können sich selbst als religiös oder areligiös bezeichnen. Aber die für Religion spezifische gesellschaftliche Funktion kann von anderen Funktionssystemen nicht ersetzt beziehungsweise übernommen werden. Nur Religion macht ein Verhalten dazu möglich, dass jeder gehaltvolle Weltbezug, durch den etwas als dieses und nicht als etwas anderes bestimmt wird, der also verstanden, kommuniziert und an anderes sinnvoll anschlussfähig gemacht werden kann, Sinn immer schon voraussetzt. Auch die Negation von Sinn, nimmt ihn in Anspruch. Religion hält die Einheit der Identität und Differenz von Sinn und Nichtsinn bewusst und konfirmiert Sinngewissheit mit Bezug auf eine Wirklichkeit, die so ist, wie sie ist, obwohl eine Unendlichkeit anderer Möglichkeiten denkbar wäre und denkbar bleibt. Es ist die Funktion der Religion, diese Einheit des Unterschieds von Sinn und Nichtsinn, Beobachtbarem und Unbeobachtbarem, Wirklichem und Möglichem, Bestimmtem und Unbestimmtem, Vertrautem und Unvertrautem, Verfügbarem und Unverfügbarem, Begreiflichem und Unbegreiflichem, Endlichem und Unendlichem, Immanenz und Transzendenz im gesellschaftlichen Bewusstsein präsent zu halten. Und sie leistet dies durch Deutung, durch Codierung und Symbolisierung der Identität von Identität und Differenz, was einschließt, dass die Differenz von Sinn und Nicht-Sinn immer schon auf die vorauslaufende, transzendente Ganzheit von Sinn bezogen ist. Die Sache religiöser Kommunikation ist es, so gesehen, die Transzendenz unbedingter Sinnganzheit immer wieder in die Immanenz einzuführen und in der Gesellschaft präsent zu halten.

Die religiöse Kommunikation arbeitet dabei zwangsläufig mit Paradoxien. So spricht sie vom offenbaren Geheimnis, dem unerforschlichen göttlichen Ratschluss, dem unbegreiflichen Sinn des Ganzen. Es leuchtet unmittelbar ein, dass solche auf Transzendenz rekurrierenden Beschreibungen beziehungsweise Deutungen endlicher Erfahrungen lebensweltlich vor allem dort gefordert sind, wo es zu Einbrüchen des Absurden und Ungeheuren in die Alltagsnormalität kommt, wir mit Fremdem und Sinnverwirrendem uns konfrontiert finden, uns die Frage bedrängt, was man machen kann, wenn man nichts mehr machen kann (Luhmann 2002, S. 320ff.).

7   Statt Säkularisierung eine kulturelle Transformation des Religiösen

Mit der Teilhabe am kirchlichen Leben und der Vertrautheit mit der kirchlichen Sprach- und Vorstellungswelt ist die in der modernen Kultur gelebte Religion nicht mehr gleichzusetzen. Selbst die mit der Kirche Verbundenen und im System der christlichen Glaubenslehre sich kenntnisreich Bewegenden sind nun zu einer Verständigung darüber aufgefordert, wozu es die Religion in der modernen Welt – nach der Aufklärung – noch braucht beziehungsweise, was den Menschen ohne sie fehlen würde. Die säkulare Außenperspektive auf die Religion ist gewissermaßen – zusammen mit ihren (religions-)kritischen Fragen – in die theologische Binnenperspektive der Religion selbst eingewandert. Deshalb funktioniert die Kommunikation *von* Religion heute nicht mehr ohne die Kommunikation *über* Religion, ohne die Arbeit an ihrem Begriff und nicht ohne die Übersetzung der religiösen Sprache in eine solche, die auch den religiös Ungebundenen oder anders Gebundenen, mit den traditionellen Formen nicht Vertrauten, sich vermittelt.

Die kirchliche Religionskultur löst sich nicht auf. Sie büßt aber stark an alltagskultureller Plausibilität und Prägekraft ein. Sie formt sich freilich auch um, indem sie ihre Symbolsprache in nichtreligiöse Kontexte übersetzt, ihren religiösen Vorstellungskosmos überhaupt immer wieder neu interpretiert und in seinem Sinndeutungspotential aufzuschließen unternimmt. Auch in der kirchlichen Kommunikation stellt man sich zunehmend darauf ein, dass etwa der alte Heils- und Erlösungsglaube nicht mehr funktioniert, weil er einem dominanten modernen Kulturideal, dem der individuellen Selbstbestimmung und Selbstentfaltung, zuwiderläuft.[3] Der vermeinte Inhalt des christlichen Glaubens will dann in eine andere, mit dem modernen Autonomiebewusstsein kompatible Sprache übersetzt sein. Damit wird die christliche Religion insgesamt wieder deutlicher in ihrer modernen Kulturbedeutung sichtbar. Es kann hervortreten, dass sie zu einer unbedingten Sinnvergewisserung von endlichen Individuen beiträgt, zur Fundierung der unmittelbaren Selbsthabe individuellen Lebens, zur Affirmation des unendlichen Wertes der Einzelseele.

Es kann zudem zur Sprache kommen, dass die kirchliche Religionskultur selbst immer weniger vom alten, gegenständlich verfassten Heilsglauben geprägt ist. Auch in der Kirche spricht man vom Glauben inzwischen so, dass mit ihm das Interesse an persönlicher Identitätsvergewisserung, an ganzheitlichen Sinndeutungen, an individuellem Sinnvertrauen und an spiritueller Resonanzerfahrung, in der Begegnung mit der Natur oder auch der Kunst artikuliert wird. Die auch in kirchlichen Kreisen beliebte Rede von Spiritualität und religiöser Erfahrung ist dafür ebenso ein Beleg, wie die Inanspruchnahme kirchlicher Ritualangebote auch durch religiös ungebundene Zeitgenossen, eben dann, wenn etwas der Fall ist, was das Leben als Ganzes betrifft. Mit der Individualisierung und Privatisierung des religiösen Entscheidens geht jedoch einher, dass religiöse und das heißt immer sinnlich vermittelte Sinnerfahrung in kulturellen Formen gesucht wird, die herkömmlich nichts mit der verfassten Kirche zu tun haben, aber auch nicht unbedingt in neue religiöse Bewegungen eingehen. In erster Linie ist an die ästhetische Kultur und ihre Verbreitung durch die Massenmedien zu denken. Die lebensgeschichtlich sinnbildenden Erzählungen sowie die persönliche Resonanzen auslösenden Symbole und Rituale haben sich kulturell verflüssigt und

---

3   Den Anforderungen an die Umformung der kirchlichen Verkündigung
     habe ich mich gestellt in Gräb (2013).

manchmal fast bis zur Unkenntlichkeit (wie z. B. in der Werbung) in die Alltagskultur eingezeichnet (Gräb 2002). Dennoch bildet die Religion – zumindest hintergründig – auch in der modernen Kultur dem Alltag eine Struktur ein, setzt sie im Lebensvollzug der Individuen Ein- und Abgrenzungen, nötigt sie Übergänge auf und macht sie begehbar. Religion bleibt als eigene kulturelle Sinnform erhalten. Zwar verschwimmen die traditionellen Grenzen der institutionalisierten Religion, aber weil die basale, vor den Ganzheitshorizont von Sinn stellende Funktion, die die Religion in der Gesellschaft erfüllt, nicht von anderen sozialen Funktionen ersetzt werden kann, deshalb bleiben auch die Symbolisierungen erhalten und bilden sich immer wieder neu aus, mit denen religiöser, den unbegreiflichen Sinn des Ganzen symbolisierender Sinn kulturell kommuniziert und in andere gesellschaftliche Sphären, die Kunst und die Wissenschaft, die Politik und die Bildung eingetragen wird (Weyel und Gräb 2006).

Religiöser Glaube macht ein sinndeutendes Verhalten auch zu den Erfahrungen noch möglich, in denen aller Sinn sich entzieht. Er stiftet Sinnvertrauen auch dort noch, wo dieses in den Erfahrungen, die gemacht werden müssen, keine Resonanz findet, im Gegenteil, wo ihm diese Erfahrungen widersprechen. Die Individuen müssen im Alltag ihres Lebens ein solch sinndeutendes Verhalten nicht ständig für sich realisieren. Von Fall zu Fall ist der Bedarf freilich da. Dann ist es gut, wenn die Individuen auf tradierte religiöse Symbolsysteme sowie die Rituale institutionalisierter Religionskultur zurückkommen können (Gräb 2000).

Da die meisten mit der religiösen Symbolsprache und den sie tradierenden Ritualen nicht mehr vertraut sind, braucht es die Aufschließung der religiösen Symbole in ihrer Lebensbedeutsamkeit. Ebenso ist die Kommunikation *von* Religion nicht mehr möglich ohne die Kommunikation *über* Religion. Religiöse Kommunikation verlangt immer auch, die religiöse Binnenkommunikation zu überschreiten und die Vermittlung in ein Außerhalb der Religion vorzunehmen. Das Übersetzen in eine Sprache, die nicht nur den religiös Gebundenen verständlich ist, wird nötig. Dieser Vorgang ist es zugleich, der die Unterscheidung des Säkularen vom Religiösen veranlasst.

Literatur

Barth, Ulrich. 2003. Säkularisierung und Moderne. Die soziokulturelle Transformation der Religion. In *Religion in der Moderne*, hrsg. von Ulrich Barth, 127–166. Tübingen: Mohr Siebeck.

Blumenberg, Hans.1996. *Die Legitimität der Neuzeit*. Frankfurt a. M.: Suhrkamp.

Dreier, Horst. 2018. *Staat ohne Gott. Religion in der säkularen Moderne*. München: C.H. Beck.

Evangelische Kirche in Deutschland (EKD). 2014. *V. EKD-Erhebung über Kirchenmitgliedschaft: „Engagement und Indifferenz – Kirchenmitgliedschaft als soziale Praxis"*. Hannover: Kirchenamt der EKD.

Gräb, Wilhelm. 2000. *Lebensgeschichten – Lebensentwürfe – Sinndeutungen. Eine praktische Theologie gelebter Religion*. 2. Aufl. Gütersloh: Gütersloher Verlagshaus.

Gräb, Wilhelm. 2002. *Sinn fürs Unendliche. Religion in der Mediengesellschaft*. Gütersloh: Gütersloher Verlagshaus.

Gräb, Wilhelm. 2013. *Predigtlehre. Über religiöse Rede*. Göttingen: Vandenhoeck & Ruprecht.

Habermas, Jürgen. 2001. *Glauben und Wissen*. Frankfurt a. M.: Suhrkamp.

Habermas, Jürgen. 2005. Vorpolitische Grundlagen des demokratischen Rechtsstaates? In *Dialektik der Säkularisierung: Über Vernunft und Religion*, hrsg. von Jürgen Habermas und Joseph Ratzinger, 15–37. Freiburg: Herder.

Korsch, Dietrich. 2005. *Religionsbegriff und Gottesglaube. Dialektische Theologie als Hermeneutik der Religion*. Tübingen: Mohr Siebeck.

Lübbe, Hermann. 1965. *Säkularisierung. Geschichte eines ideenpolitischen Begriffs.* Freiburg: Karl Alber.

Lübbe, Hermann. 2004. *Religion nach der Aufklärung.* 3. Aufl. München: Wilhelm Fink.

Luckmann, Thomas. 1991. *Die unsichtbare Religion.* Frankfurt a. M.: Suhrkamp.

Luhmann, Niklas. 1977. *Funktion der Religion.* Frankfurt a. M.: Suhrkamp.

Luhmann, Niklas. 2002. *Die Religion der Gesellschaft.* Frankfurt a. M.: Suhrkamp.

Matthes, Joachim. 1992. Auf der Suche nach dem „Religiösen". Reflexionen zu Theorie und Empirie religionssoziologischer Forschung. *Sociologica Internationalis* 30 (1): 129–142.

Nipperdey, Thomas. 1988. *Religion im Umbruch. Deutschland 1870–1918.* München: C.H. Beck.

Pollack, Detlef. 2003. *Säkularisierung – ein moderner Mythos? Studien zum religiösen Wandel in Deutschland.* Tübingen: Mohr Siebeck.

Pollack, Detlef und Gerhard Wegner (Hrsg.). 2017. *Die soziale Reichweite von Religion und Kirche. Beiträge zu einer Debatte in Theologie und Soziologie.* Würzburg: Ergon.

Rieger, Martin. 2009. Säkularisierung, Privatisierung oder Resakralisierung? In *Woran glaubt die Welt? Analysen und Kommentare zum Religionsmonitor 2008,* hrsg. von der Bertelsmann Stiftung, 11–52. Gütersloh: Verlag Bertelsmann Stiftung.

Schröder, Richard. 2007. Säkularisierung: Ursprung und Entwicklung eines umstrittenen Begriffs. In *Säkularisierung. Bilanz und Perspektiven einer umstrittenen These,* hrsg. von Christina von Braun, Wilhelm Gräb und Johannes Zachhuber, 61–74. Berlin: LIT Verlag.

Taylor, Charles. 1996. *Das Unbehagen an der Moderne.* Frankfurt a. M.: Suhrkamp.

Taylor, Charles. 2002. *Die Formen des Religiösen in der Gegenwart.* Frankfurt a. M.: Suhrkamp.

Taylor, Charles. 2009. *Ein säkulares Zeitalter.* Frankfurt a. M.: Suhrkamp.

Weyel, Birgit und Wilhelm Gräb. 2006. *Religion in der modernen Lebenswelt. Erscheinungsformen und Reflexionsperspektiven.* Göttingen: Vandenhoeck & Ruprecht.

Zabel, Hermann und Karl Alber. 1984. Säkularisation, Säkularisierung. III. Der geschichtsphilosophische Begriff; IV. Ausblick: Die Tragfähigkeit der Kategorie „Säkularisierung/Verweltlichung". In *Geschichtliche*

Grundbegriffe. Historisches Lexikon zur politisch-sozialen Sprache in Deutschland. Bd. 5, 809–829. Stuttgart: Klett-Cotta.

Zachhuber Johannes. 2007. Die Diskussion über Säkularisierung am Beginn des 21. Jahrhunderts. In *Säkularisierung. Bilanz und Perspektiven einer umstrittenen These*, hrsg. von Christina von Braun, Wilhelm Gräb und Johannes Zachhuber, 11–42. Berlin: LIT Verlag.

Das Leitbild vom gerechten Frieden – auch ein säkulares Konzept?

Dirck Ackermann

1   Einleitung

Der gerechte Frieden bezeichnet das Leitbild, unter dem der friedensethische Diskurs nach dem Zweiten Weltkrieg in den deutschsprachigen Kirchen um die Jahrtausendwende zu einem weitgehenden Konsens gekommen ist. Es entsteht auf dem Hintergrund der – insbesondere spezifisch deutschen – Weltkriegserfahrungen im 20. Jahrhundert und wird im Rekurs auf die friedensethischen Einsichten der ökumenischen Bewegungen – derjenigen im Rahmen des Ökumenischen Rates der Kirchen – entwickelt (vgl. Ackermann 2013, S. 75ff.). Das Leitbild will die Frage beantworten, wie man den sicherheitspolitischen Herausforderungen für den Weltfrieden rechtsförmig, wirksam und nachhaltig begegnen kann. Das Leitbild wurzelt also in christlichen Traditionen sowie spezifisch deutschen Perspektiven, beansprucht aber zugleich auch, außerhalb des Christentums und Deutschlands Geltung zu besitzen. So der Anspruch der EKD-Friedensdenkschrift von 2007: „In Denkschriften soll nach Möglichkeit ein auf christlicher Verantwortung beruhender, sorgfältig geprüfter und stellvertretend

© Springer Fachmedien Wiesbaden GmbH, ein Teil von Springer Nature 2019
S. Jäger und R. Anselm (Hrsg.), *Ethik in pluralen Gesellschaften*,
Gerechter Frieden, https://doi.org/10.1007/978-3-658-23791-2_3

für die ganze Gesellschaft formulierter Konsens zum Ausdruck kommen" (EKD 2007, Vorwort).

Wird dieser Anspruch erfüllt? Kommt das Leitbild vom gerechten Frieden auch ohne religiöse Begründung aus und stellt damit in gewisser Weise ein säkulares Konzept dar? Oder anders gefragt: Kann das in christlich-jüdischen Traditionen wurzelnde und von spezifisch deutschen Erfahrungen beeinflusste Leitbild auch in heterogener werdenden Gesellschaften und angesichts einer Vielfalt von Staats- und Weltvorstellungen auf internationaler Ebene allgemeine Gültigkeit beanspruchen, oder ist es zumindest an andere Konzepte von Frieden und Sicherheit anschlussfähig?

2 Der Dreischritt der EKD-Friedensdenkschrift

Die EKD-Friedensdenkschrift erhebt nicht nur diesen Anspruch, sondern unternimmt auch den Versuch, im Diskurs jenseits der religiösen Begründung des Leitbilds interkulturell und international anschlussfähig zu sein. Sie tut dies sozusagen in einem Dreischritt, in dem sie zunächst die christliche Friedenspraxis und ihre theologische Begründung beschreibt, sodann die Korrespondenz dieser Praxis mit einem mehrdimensionalen Konzept des Friedens als sozialethisches Leitbild aufzeigt, um schließlich in einem rechtsethischen Leitbild zwischenstaatlicher Beziehungen zu münden.

Im Folgenden soll dieser Dreischritt nachgezeichnet werden, um anschließend zu fragen, inwieweit der oben aufgezeigte Anspruch des Leitbilds erfüllt worden ist und an welchen Stellen offene Fragen bleiben.

2.1 Die Praxis des gerechten Friedens als Aufgabe von Christinnen und Christen

Das Leitbild vom gerechten Frieden wird zunächst in christlich-theologischer Perspektive beschrieben. In der christlich-jüdischen Tradition hat es seine geschichtliche Wurzel. Folgende Kernaussagen sind wesentlich:

1. In Rekurs auf den vom Ökumenischen Rat der Kirchen 1983 initiierten „Konziliaren Prozess" für Frieden, Gerechtigkeit und Bewahrung der Schöpfung wird betont, dass für christliche Friedensethik der *Zusammenhang von Gerechtigkeit und Frieden* konstitutiv ist. Frieden ist mehr als abrüstungsorientierte Kriegsverhütung. Globale Verteilungsgerechtigkeit und der Schutz von Menschenrechten sind konstitutive Elemente christlichen Friedensverständnisses. Grundlegend dabei ist die Achtung der Menschenwürde, die nach christlichem Verständnis in der Gottebenbildlichkeit des Menschen begründet liegt (vgl. EKD 2007, Ziff. 73).

2. In den *biblischen Überlieferungen* wird die Einheit von Gerechtigkeit und Frieden in göttlichen Verheißungen herausgestrichen. In Psalm 85 wird in überschwänglichem Ton verheißen, dass „Gerechtigkeit und Friede sich küssen" (Ps 85,11). In Jesaja 32,16f. werden Frieden als Frucht von Recht und Gerechtigkeit und Sicherheit und Ruhe als Ertrag der Gerechtigkeit beschrieben. Paulus umschreibt das Reich Gottes mit dem Zusammenhang von „Gerechtigkeit und Friede und Freude im heiligen Geist" (Röm 14,17, vgl. EKD 2007, Ziff. 74).

3. Demnach ist nach biblischem Zeugnis die Vollendung der Welt in *Gerechtigkeit und Frieden Kennzeichen des Reiches Gottes.* Eine politische Ordnung wird noch nicht beschrieben. Damit wird deutlich, dass nach christlichem Wirklichkeitsverständ-

nis der irdische Frieden seinen transzendenten (geistlichen) Grund hat: Irdischer Frieden beruht auf dem Frieden Gottes und somit auf Gott selbst. Dieser Frieden Gottes entzieht sich damit menschlicher Verfügung. Man kann ihn nur geschenkt bekommen (vgl. Pausch 2010, S. 112).

4. Das Geschenk des göttlichen Friedens motiviert Christinnen und Christen dazu, sich für den irdischen Frieden einzusetzen. „Für den christlichen Glauben gründet das Ethos der Friedensstifter (Mt 5,9) in der von Gott gewährten Versöhnung der Menschen mit ihm und untereinander [...]" (EKD 2007, Ziff. 75). Die *Praxis des gerechten Friedens* wird als Merkmal und *ständige Aufgabe* der weltweiten Gemeinschaft *von Christinnen und Christen* bezeichnet. Der Auftrag der Christinnen und Christen ist es, den Frieden zu bezeugen, für den Frieden zu erziehen, die Gewissen zu schützen und für den Frieden und die Versöhnung zu arbeiten (vgl. EKD 2007, Ziff. 36ff.).

5. Dabei sind alle Christinnen und Christen gemeinsam an das Gebot der Nächstenliebe gebunden. In Anlehnung an die Heidelberger Thesen von 1959 werden aus dieser gemeinsamen Bindung die „komplementären" Formen seiner Befolgung entwickelt. Beide Wege, *Waffenverzicht wie Militärdienst*, können aus Sicht christlicher Friedensethik *komplementäre Formen der Befolgung des Gebotes der Nächstenliebe* sein.

„Diejenigen, die für sich selbst den Gebrauch von Waffengewalt ablehnen, machen durch ihre Haltung sichtbar, welcher Zustand im Interesse eines dauerhaften Friedens künftig der allgemein herrschende sein soll: eine internationale Rechtsordnung, in der der Verzicht auf Selbsthilfe und Selbstjustiz allgemein geworden ist und niemand mehr Richter in eigener Sache sein muss. Sie sollten deshalb anerkennen, dass es andere gibt, die im Dienst dieser Ordnung dafür sorgen, dass nicht Situationen eintreten, in denen das Recht ohne Durchsetzungskraft ist" (EKD 2007, Ziff. 61).

2.2 Ein mehrdimensionales Konzept des Friedens als sozialethisches Leitbild

Die christliche Praxis des gerechten Friedens, aus den Quellen jüdisch-christlicher Tradition hergeleitet, wird nicht von allen Menschen geteilt. Ebenso ersetzt sie nicht praktische Friedenspolitik. In einer globalisierten Welt und einem säkularen Staat kommt es daher darauf an, diese Praxis in ein mehrdimensionales Konzept des Friedens zu übertragen. Dieses Konzept wird als sozialethisches Leitbild in die politische Friedensaufgabe beziehungsweise in politisch-ethische Entscheidungen eingebracht (vgl. EKD 2007, Ziff. 78).

Dabei kommt wiederum der *Achtung der Menschenwürde* eine fundamentale Rolle zu. Denn auch wer die jüdisch-christliche Begründung der Menschenwürde nicht nachvollzieht, kann doch der Forderung nach einem menschlichen Leben in Würde zustimmen. Als Mindeststandards hierfür sind mehrere Elemente zu betrachten, die mit Menschenrechten korrespondieren: beispielsweise das Recht auf Leben, die Bewahrung vor Demütigung, die Gewährleistung des materiellen und sozialen Existenzminimums, der Schutz vor Diskriminierung sowie die Chance zur Teilhabe am gesellschaftlichen Leben. Diesen Formen menschlicher Existenzerhaltung und Existenzentfaltung dient der gerechte Frieden (vgl. EKD 2007, Ziff. 79).

Durch den Rückgriff auf die Achtung der Menschenwürde und die daraus resultierenden Menschenrechte wird also versucht, eine Korrespondenz zwischen christlich-jüdischer und anderen Weltvorstellungen herzustellen. Anschließend wird das mehrdimensionale Konzept des Friedens entwickelt mit starkem Rückgriff auf die Ergebnisse der Friedensforschungen der siebziger und achtziger Jahre, insbesondere in Deutschland (vgl. bes. Strub 2010).

Dabei wird ein prozessuales Verständnis vom Frieden betont. Frieden wird *als Prozess* abnehmender Gewalt und zunehmender Gerechtigkeit beschrieben. Gerechtigkeit wird als normatives Prinzip gesellschaftlicher Institutionen verstanden, mithin als soziale und politische Gerechtigkeit (vgl. EKD 2007, Ziff. 80). Vier Faktoren werden genannt, die den Prozess eines gerechten Friedens fördern: der Schutz vor Gewalt, die Förderung von Freiheit, der Abbau von Not und die Anerkennung kultureller Freiheit. Dies gilt sowohl für Prozesse in nationaler wie auch in internationaler Hinsicht. Sie dienen dem Ziel eines Zusammenlebens in Gerechtigkeit. „In diesem Sinne bezeichnet ein gerechter Friede die Zielperspektive politischer Ethik" (EKD 2007, Ziff. 80).

Aus den *vier Faktoren* friedensfördernder Prozesse werden für das sozialethische Leitbild entsprechende Forderungen erhoben:

a. Zum *Schutz vor Gewalt* bedarf es ihrer Entprivatisierung durch das staatliche Gewaltmonopol. Ist dies innerstaatlich in weiten Teilen der Welt erreicht, so herrscht international ein „quasi-anarchischer Zustand" (vgl. EKD 2007, Ziff. 81).

b. Die *Förderung von Freiheit* wird innerstaatlich gewährleistet in der Einschränkung des staatlichen Gewaltmonopols durch eine rechtsstaatliche Ordnung, die die Grundfreiheiten der Bürger schützt. Auf internationaler Ebene sind die Menschenrechte zu garantieren (vgl. EKD 2007, Ziff. 82).

c. Zum *Abbau von Not* ist zweierlei nötig: die Bewahrung der natürlichen Lebensgrundlagen menschlichen Lebens und die gerechte Verteilung der materiellen Güter und des Zugangs zu ihnen. Zum Frieden im Inneren gehört der aktive soziale Ausgleich, zum Weltfrieden die Korrektur der sozioökonomischen Asymmetrien (vgl. EKD 2007, Ziff. 83).

d. Durch die *Anerkennung kultureller Verschiedenheit* wird die Chance eröffnet, Konflikte zu bewältigen, die aus Konkurrenz verschiedener kultureller Identitäten entstehen. Dazu sind Regeln des Dialogs und einer konstruktiven Konfliktkultur zu entwickeln (vgl. EKD 2007, Ziff. 84).

2.3   Internationale Friedensordnung als Rechtsordnung. Ein rechtsethisches Leitbild zwischenstaatlicher Beziehungen

Aus den Erläuterungen der vier Dimensionen des gerechten Friedens als sozialethischem Leitbild wird deutlich, dass Grundelemente des demokratisch-pluralistischen, nationalen Rechtsstaates Faktoren darstellen, die den Prozess des gerechten Friedens fördern. Mit Heinrich August Winkler gesprochen werden wesentliche Elemente des normativen Projektes des Westens benannt: unveräußerliche Menschenrechte, Herrschaft des Rechts und Rechtsstaatlichkeit, Gewaltenteilung und Teilhabe an sozialen beziehungsweise politischen Prozessen. Winkler zeigt in seinem monumentalen Werk „Geschichte des Westen" auf, wie diese Elemente im westlichen Kulturkreis verwurzelt und aus den Atlantischen Revolutionen (USA 1776, Frankreich 1789) zum normativen Projekt hervorgegangen sind (vgl. Winkler 2016). Diese Elemente werden in der EKD-Denkschrift nun als Grundanforderungen auf eine internationale Friedensordnung übertragen. Es gilt dabei Prinzipien zu benennen, die unter den Voraussetzungen eines weltanschaulichen Pluralismus und unterschiedlicher Staatssysteme auch allgemein Anerkennung finden können. Dies wird durch die Entwicklung einer Ethik des Völkerrechts versucht (vgl. EKD 2007, Ziff. 85).

Konkret wird das Konzept einer globalen Friedensordnung als internationaler Rechtsordnung entwickelt. Ziel muss es sein, durch das Völkerrecht Prozesse in Gang zu setzen, in denen Gewalt abnimmt, Gerechtigkeit zunimmt, Gewaltanwendung vermieden, kulturelle

Vielfalt gewährleistet und Not abgebaut werden. Entsprechend den vier Dimensionen des gerechten Friedens werden folgende Anforderungen an eine globale Friedensordnung als Rechtsordnung gestellt:

- Aufbau beziehungsweise Ausbau eines *funktionsfähigen Systems kollektiver Sicherheit* (Schutz vor Gewalt): durch Stärkung von universalen Institutionen wie den Vereinten Nationen und Systemen kollektiver Sicherheit auf regionaler Ebene, in denen alle einander gegen einen potentiellen Angreifer schützen,
- *Gewährleistung der* universellen und unteilbaren *Menschenwürde* (Förderung von Freiheit): durch Stärkung rechtsstaatlich kontrollierter Gewaltmonopole und Einbeziehung nichtstaatlicher Akteure,
- Achtung von *Mindestbestimmungen transnationaler Gerechtigkeit* (Abbau von Not),
- *Ermöglichung kultureller Vielfalt*: durch Schutz pluraler kultureller Ausdrucksformen, Minderheitenschutz und Förderung des interkulturellen Dialogs und der interkulturellen Verständigung (vgl. EKD 2007, Ziff. 86ff.).

3   Gerechter Frieden unter den Bedingungen heterogener werdender Gesellschaften und unterschiedlicher Staatsvorstellungen

1. Kann man das Leitbild vom gerechten Frieden auch als säkulares Konzept verstehen? Kann es ohne religiöse Begründung auskommen?
2. Kann es allgemeine Gültigkeit beanspruchen?
3. Ist es anschlussfähig an andere Konzepte von Frieden und Sicherheit?

Diese drei Fragen habe ich gestellt und sie müssen je für sich beantwortet werden. Ich beginne bei der letzten Frage.

Ad 3. Zunächst ist herauszustellen, dass das Leitbild vom gerechten Frieden weder ein Friedensgutachten noch ein Weißbuch der Außen- und Sicherheitspolitik ersetzen will. Vielmehr werden in ihm ethische Grundsätze aufgestellt, die eine neue Sicht auf den Frieden eröffnen sollen. Auf die Frage, wie man angesichts der friedens- und sicherheitspolitischen Herausforderungen nachhaltig und wirksam für den Weltfrieden eintreten kann, werden im Kern drei Grundaussagen getroffen:

a. Nachhaltiger Frieden kann nur wachsen, wenn er mit sozialer Gerechtigkeit und mit internationalem Recht verbunden ist. Dazu ist es notwendig, Systeme kollektiver Sicherheit auf- oder auszubauen.

b. Grundsätzlich ist die Konfliktprävention der gewaltsamen Intervention vorzuziehen, hat die zivile Konfliktbearbeitung Priorität vor den militärischen Mitteln.

c. In einer Ethik rechtserhaltender Gewalt werden Kriterien als Prüffragen über die ethische Legitimität des Einsatzes militärischer Gewalt im Sinne einer internationalen Polizeiaktion aufgenommen (vgl. Pausch 2010, S. 123).

Diese ethischen Grundsätze richtet christliche Friedensethik zunächst an den mündigen Christenmenschen. Jeder hat in der ihm eigenen Position eine politische Entscheidung vor seinem Gewissen zu verantworten.

Darüber hinaus richtet sich das Leitbild in dieser Funktion als Instrument der Gewissensschärfung auch an jeden mündigen Staatsbürger. Über den kirchlich-theologischen Bereich hinaus kann das Leitbild Relevanz für den allgemeinen politisch-ethischen Diskurs entwickeln. In der Übertragung der christlichen Praxis des gerechten Friedens in ein mehrdimensionales Konzept des Friedens wird gerechter Friede als sozialethisches Leitbild in die politische Friedensaufgabe eingebracht. In der Übertragung in ein rechts-ethisches Leitbild in Form einer internationalen Friedensordnung als Rechtsordnung werden Prinzipien beschrieben, die auch unter den Voraussetzungen von Globalisierung und weltanschaulichem Pluralismus Anerkennung finden können.

Zum einen stellen die vier Dimensionen des gerechten Friedens (Schutz vor Gewalt, Förderung von Freiheit, Abbau von Not, Anerkennung kultureller Vielfalt) Grundelemente des pluralistischen demokratischen Rechtsstaats dar.

Ferner ist der Ausbau eines funktionsfähigen Systems kollektiver Sicherheit Teil europäischer Außen- und Sicherheitspolitik. Deutschland ist eingebunden in ein Netz bilateraler Partnerschaften und kollektiver Sicherheitssysteme. Diese politische Entwicklung der Zeit nach dem Zweiten Weltkrieg und die sich daraus ergebende Friedensverantwortung Europas werden in der christlichen Friedensethik reflektiert (vgl. EKD 2007, Ziff. 138ff.).

Schließlich verknüpft sich das Leitbild mit ethischen Konzepten von mittlerer Reichweite wie zum Beispiel dem von den Vereinten Nationen vertretenen Konzept der „menschlichen Sicherheit". Das Konzept der *Human Security* wurde vom *United Nations Development Programme* entwickelt. Sicherheit wird – anders als nationale Sicherheit – verstanden als Aufgabe von Staaten und internationaler Gemeinschaft, die einzelnen Menschen vor Gewalt und Not zu schützen (vgl. EKD 2007, Ziff. 185). Damit wird das Bedürfnis des Individuums in den primären Fokus von Sicherheitspolitik genommen; demgegenüber treten die Bedürfnisse nationaler Staaten zurück. Wege zu menschlicher Sicherheit sind Abbau von Unfreiheit und Not sowie Schutz vor Gewalt. Die Affinität zum Leitbild des gerechten Friedens tritt damit zutage. „Man kann das Konzept der menschlichen Sicherheit […] sogar als eine friedenspolitische Konkretion des Leitbildes vom gerechten Frieden betrachten" (Pausch 2010, S. 120).

Ad 2. Wie angedeutet greift das Leitbild mit seinen vier Dimensionen auf Ergebnisse der deutschen Friedensforschung der siebziger und achtziger Jahre zurück. Grundelemente des „normativen Projektes des Westens" werden als wesentlich für den Prozess zum gerechten Frieden betrachtet. Insofern muss gefragt werden, inwieweit das Leitbild allgemeine Gültigkeit beanspruchen kann und nicht vielmehr im westlichen Diskurskontext und zum Teil im deutschen Diskurs verhaftet bleibt.

Trotz seiner Anbindung an den ökumenischen friedensethischen und den internationalen friedenspolitischen Diskurs besteht ein fortdauernder politischer und ökumenischer Gesprächsbedarf. Das belegt insbesondere das Fortbestehen beziehungsweise Wiederaufleben der Tradition des gerechten Krieges in Form der *Just-and-Limited-War-Theory* besonders im angelsächsischen Raum (vgl. z. B. Walzer 1977; Fisher 2012). Dieses Phänomen kann in Zusammenhang gebracht werden mit den unterschiedlichen historischen Perspektiven von Deutschland einerseits und Großbritannien und den Vereinigten Staaten andererseits auf die Kriege im 20. Jahrhundert. In Deutschland wird aufgrund der Erfahrungen des Zweiten Weltkriegs die Möglichkeit eines gerechten Krieges grundsätzlich bestritten. Das sieht aus britischer und amerikanischer Sicht ganz anders aus. Ethische Urteilsbildung kann aber sowohl bei gleichem Leitbild zu konträren Auffassungen kommen (vgl. die Urteilsbildung zum Kosovo-Krieg bei Haspel 2002), wie auch bei unterschiedlichem Leitbild zu übereinstimmenden. Das hängt mit den Prinzipien ethischer Urteilsbildung überhaupt zusammen. Es wird damit deutlich, dass weitere Grundsatzgespräche zwischen Vertretern unterschiedlicher friedensethischer Konzeptionen wie zwischen verschiedenen friedenspolitischen Ansichten von Nöten sind (vgl. Pausch 2010, S. 121f.). Das gilt insbesondere deshalb, weil

Deutschland durch seine Einbindung in verschiedene Systeme kollektiver Sicherheit mit anderen Nationen verbunden ist, die durch unterschiedliche Kulturen, geschichtliche und geistesgeschichtliche Traditionen geprägt worden sind.

Ad 1. Kann das Leitbild ohne religiöse Begründung auskommen? Wie oben aufgezeigt, ist das möglich. Es stellt sich allerdings die Frage, ob nicht dadurch wesentliche Impulse gerade für den eben angemahnten Diskurs verloren gehen. Beispielsweise ist nach biblischem Zeugnis die Vollendung der Welt in Gerechtigkeit und Frieden Kennzeichen des Reiches Gottes. Eine politische Ordnung wird noch nicht beschrieben. Damit wird deutlich, dass nach christlichem Wirklichkeitsverständnis der irdische Frieden seinen transzendenten (geistlichen) Grund hat: Irdischer Frieden beruht auf dem Frieden Gottes und somit auf Gott selbst. Dieser Frieden Gottes entzieht sich damit menschlicher Verfügung. Man kann ihn nur geschenkt bekommen. Damit bleibt irdischer Frieden in einer noch nicht erlösten Welt immer vorläufig und unvollkommen. Christliches Engagement für Frieden und Versöhnung gründet „in der von Gott gewährten Versöhnung der Menschen mit ihm und untereinander" (EKD 2007, Ziff. 75). Indem der Christ oder die Christin aber vollkommenen Frieden als Gottes Geschenk begreift, ist er oder sie sich aber zugleich der Vorläufigkeit und Unzulänglichkeit solchen Engagements bewusst. Das kann vor möglichen Größenwahn- oder Erlösungsphantasien bewahren, wenn es um die Verwirklichung von Gerechtigkeit und Frieden geht.

Insgesamt stellt sich die Frage, ob die christliche Friedenspraxis und ihre theologische Begründung nicht stärker hätten herausgearbeitet werden müssen. Stattdessen wurde in der Denkschrift ausführlich Argumentationen Raum gegeben, die zwar den Anspruch auf Allgemeingültigkeit erheben, aber zugleich in ihrem kulturellen Kontext verhaftet bleiben. Hierin könnte ein Grund dafür liegen, dass das Leitbild vom gerechten Frieden im ökumenischen und internationalen Kontext so wenig anschlussfähig ist. Bei der Weiterentwicklung des Leitbilds müsste daher das Augenmerk zunächst auf dem spezifisch christlich-theologischen Beitrag liegen, um diesen dann im ökumenischen, interreligiösen und internationalen Gespräch in einen argumentativen Austausch zu bringen.

Literatur

Ackermann, Dirck. 2013. Der Gerechte Friede als politisch-ethisches Leitbild. In *Handbuch Militärische Berufsethik*. Bd. 1, hrsg. von Thomas Bohrmann, Karl-Heinz Lather und Friedrich Lohmann, 75–95. Wiesbaden: Springer VS.

Evangelische Kirche in Deutschland (EKD). 2007. *Aus Gottes Frieden leben – für gerechten Frieden sorgen. Eine Denkschrift des Rates der Evangelischen Kirche in Deutschland*. 2. Aufl. Gütersloh: Gütersloher Verlagshaus.

Fisher, David. 2012. *Morality and War. Can War be Just in the Twenty-first Century*. Oxford: Oxford University Press.

Haspel, Michael. 2002. *Friedensethik und Humanitäre Intervention. Der Kosovo-Krieg als Herausforderung evangelischer Friedensethik*. Neukirchen-Vluyn: Neukirchener Verlag.

Pausch, Eberhard. 2010. *Vom gerechten Krieg zum gerechten Frieden – Zur kirchlich-theologischen Einordnung der Denkschrift*. In *Friedensethik und Sicherheitspolitik. Weißbuch 2006 und EKD-Friedensdenkschrift 2007 in der Diskussion*, hrsg. von Angelika Dörfler-Dierken und Gerd Portugall, 111–124. Wiesbaden: Springer VS.

Strub, Jean-Daniel. 2010. *Der Gerechte Friede. Spannungsfelder eines friedensethischen Leitbegriffs*. Stuttgart: Kohlhammer.

Walzer, Michael. 1977. *Just and Unjust Wars: A Moral Argument with Historical Illustrations*. New York: Basic Books.

Winkler, Heinrich August. 2016. *Geschichte des Westens: Die Zeit der Gegenwart*. München: C.H. Beck.

Öffentliches Christentum
Überlegungen zum Problem der „Übersetzung" religiöser Gehalte

Martin Laube

1 Einleitung: Habermas' Forderung nach einer säkularen Übersetzung religiöser Gehalte

Mit seinen Überlegungen zur „postsäkularen Gesellschaft"[1] hat
Jürgen Habermas der seit den 1990er-Jahren geführten Debatte
um die Legitimität und den Status religiöser Äußerungen in der
politischen Öffentlichkeit demokratischer Gesellschaften nach-
haltige Impulse gegeben:

> „Was bedeutet die in liberalen Verfassungen geforderte Trennung
> von Staat und Kirche für die Rolle, die religiöse Überlieferungen

---

[1] Die Initialzündung bildet die Dankesrede von Habermas zur Ver-
leihung des Friedenspreises des Deutschen Buchhandels kurz nach
den Anschlägen auf das World Trade Center im September 2001 (vgl.
Habermas 2001), zur werkgeschichtlichen Einordnung vgl. Trautsch
2004. Unklar bleibt freilich, ob dem Begriff der „postsäkularen Gesellschaft" bei Habermas eine empirische oder eine normative Signatur
eignet, vgl. dazu Willems 2013.

© Springer Fachmedien Wiesbaden GmbH, ein Teil von Springer Nature 2019
S. Jäger und R. Anselm (Hrsg.), *Ethik in pluralen Gesellschaften*,
Gerechter Frieden, https://doi.org/10.1007/978-3-658-23791-2_4

und Religionsgemeinschaften in Zivilgesellschaft und politischer Öffentlichkeit, also bei der politischen Meinungs- und Willensbildung der Bürger, spielen dürfen?" (Habermas 2005b, S. 123f.).

Im Hintergrund steht zum einen die – mit der überraschenden Rückkehr der Religion in den öffentlichen Raum verknüpfte – Einsicht, dass bis auf weiteres mit einem Fortbestand religiöser Gemeinschaften zu rechnen ist, zum anderen das zunehmende Bewusstsein für die ambivalenten Folgen der Moderne und die erschöpfte Motivationskraft einer auf sich allein zurückgeworfenen säkularen Vernunft.

Dabei verortet sich Habermas zwischen den beiden Polen einer restriktiv-säkularen Bestimmung des öffentlichen Vernunftgebrauchs einerseits und der gegenläufigen Forderung andererseits, religiös-weltanschauliche Argumente im Horizont politischer Debatten zuzulassen (Habermas 2005b, S. 125ff.). Die restriktive Position wird von John Rawls (1998, 1999) und Robert Audi (2000) vertreten; sie leiten aus dem liberaldemokratischen Grundprinzip wechselseitiger Anerkennung die Forderung nach einer allgemeinen Akzeptabilität von Gründen ab, so dass religiöse Überzeugungen in ein säkulares Äquivalent „übersetzt" werden müssten. Im Gegenzug verweisen Paul Weithman (2002) und Nicholas Wolterstorff (1997; zur Debatte vgl. zudem Audi 1997) auf die Unvereinbarkeit einer solchen Übersetzungsforderung mit dem liberalen Grundrecht der Religionsfreiheit: Von religiösen Bürgern könne nicht verlangt werden, mit einer fortwährenden Aufspaltung zwischen religiösen und säkularen Gründen ihre glaubende Existenz aufs Spiel zu setzen.

Habermas sucht zwischen beiden Seiten zu vermitteln, indem er eine Differenzierung vornimmt: In der *zivilgesellschaftlichen Öffentlichkeit* dürfe es kraft der Religionsfreiheit keine Beschränkung für den Gebrauch religiöser Argumente und Überzeugungen geben. Im Bereich der *Legislative, Exekutive und Judikative* hingegen greife ein „institutionelle[r] Übersetzungsvorbehalt" (Habermas 2005b, S. 136), um durch die Verpflichtung auf diskursive Rechenschaft die Gefahr des Umschlags einer religiösen Mehrheitsherrschaft in Repression auszuschließen:

> „Jeder muss wissen und akzeptieren, dass jenseits der institutionellen Schwelle, die die informelle Öffentlichkeit von Parlamenten, Gerichten, Ministerien und Verwaltungen trennt, nur säkulare Gründe zählen" (Habermas 2005b, S. 136).

Die Pointe dieses Vorschlags besteht nun darin, dass Habermas gegen den restriktiven *Ausschluss* religiöser Äußerungen aus der politischen Öffentlichkeit gerade deren legitime *Zulassung* fordert – und zwar nicht allein um der *Religionsfreiheit* willen, sondern auch ihres möglichen *Wahrheitsgehalts* wegen:

> „Der liberale Staat hat nämlich ein Interesse an der Freigabe religiöser Stimmen in der politischen Öffentlichkeit sowie an der politischen Teilnahme religiöser Organisationen. Er darf die Gläubigen und die Religionsgemeinschaften nicht entmutigen, sich als solche auch politisch zu äußern, weil er nicht wissen kann, ob sich die säkulare Gesellschaft sonst von wichtigen Ressourcen der Sinnstiftung abschneidet" (Habermas 2005b, S. 137).

Wohl stelle die religiöse Erfahrung das fremde, unzugängliche andere der säkularen Vernunft dar. Sie könne deren „opaken Kern" (Habermas 2005b, S. 150) allenfalls umkreisen, nicht jedoch diskursiv aufhellen. Umgekehrt jedoch seien in den biblisch-religiösen Überlieferungen Intuitionen, Sensibilitäten und Motivationskräfte aufbewahrt, die der nachmetaphysisch ernüchterten säkularen Vernunft grundsätzlich verloren gegangen seien[2]. Gerade ange-

---

2 Vgl. Habermas (2005c, S. 115): „Im Gegensatz zur ethischen Enthaltsamkeit eines nach-metaphysischen Denkens [...] sind in heiligen

sichts der Auszehrungstendenzen eines ringsum verkümmernden normativen Bewusstseins liege es daher im eigenen Interesse des Verfassungsstaates, „der schleichenden Entropie der knappen Ressource Sinn entgegenzuwirken" (Habermas 2001, S. 29) und mit jenen religiösen Quellen schonend umzugehen, „aus denen sich das Normbewusstsein und die Solidarität seiner Bürger speisen" (Habermas 2005c, S. 116).

Freilich bleibe es dabei, dass die religiösen Traditionen und Überlieferungen der säkularen Vernunft als das abgründig Fremde gegenüberstünden: „Der Riß zwischen Weltwissen und Offenbarungswissen läßt sich nicht wieder kitten" (Habermas 2008, S. 28). An der Aufgabe einer säkularen Übersetzung der religiösen Gehalte führt daher für Habermas kein Weg vorbei. Allerdings dürfe eine solche Übersetzung gerade nicht auf die eliminativ-ersetzende Überführung religiöser Vorstellungen in eine säkulare Äquivalenzsemantik hinauslaufen. Vielmehr fordert Habermas eine „rettende Übersetzung" (Habermas 2005c, S. 116), welche „den ursprünglich religiösen Sinn zwar transformiert, aber nicht auf eine entleerende Weise deflationiert und auf[...]zehrt" (Habermas 2005c, S. 116). Mithin gelte es, zwei Bedingungen zugleich zu erfüllen. Die geforderte Übersetzung soll *auf der einen Seite* die Sinnpotentiale religiöser Überlieferungen aus ihrer opaken „Verkapselung" entbinden und so den kreativen Bedeutungsüberschuss für Nichtgläubige und Andersgläubige erschließen. *Auf der anderen Seite* soll sie sich die semantische Erbschaft der religiösen Tradition aneignen, ohne doch „die Grenze zwischen den Universen des Glaubens und des Wissens zu verwischen" (Habermas 2005a, S. 218). Anders formuliert: Habermas sucht nach einer Form der

---

Schriften und religiösen Überlieferungen Intuitionen von Verfehlung und Erlösung, vom rettenden Ausgang aus einem als heillos erfahrenen Leben artikuliert, über Jahrtausende hinweg subtil ausbuchstabiert und hermeneutisch wachgehalten worden."

Übersetzung, welche die sinnüberschießenden Wahrheitsgehalte der Religion im Rahmen säkular-allgemeiner Vernunftgründe zur Geltung zu bringen vermag, ohne diesen Rahmen zu sprengen. Habermas will nicht nur an einer strikten *Differenz,* sondern mehr noch an einer unüberbrückbaren *Diastase* von Glauben und Wissen, Religion und Vernunft festhalten – und dennoch zugleich den Versuch unternehmen, die unabgegoltenen Sinnpotentiale des Religiösen für die säkulare Vernunft fruchtbar zu machen. Hier wird eine innere Spannung sichtbar, die Habermas bei näherem Hinsehen zu überraschenden Konzessionen, wenn nicht gar Inkonsistenzen zwingt. So markiert der Übergang zu politisch-rechtlichen Entscheidungen für Habermas die institutionelle Schwelle, jenseits derer nur säkulare Gründe zählen. Im vorparlamentarischen Raum jedoch, also in der politischen Öffentlichkeit selbst, seien religiöse Äußerungen nicht nur legitim. Vielmehr müsse dort auch die fällige Übersetzung erarbeitet werden, wenn die religiösen Wahrheitsgehalte „für die institutionalisierte Beratungs- und Entscheidungspraxis nicht verloren" (Habermas 2005b, S. 137) gehen sollen. Die Pointe besteht nun darin, dass die Arbeit an dieser Übersetzung – wie Habermas mehrfach betont – keineswegs nur den religiösen Bürgern obliegt. Das würde die Lasten ungleich verteilen und das demokratische Staatsbürgerethos verletzen. Stattdessen handle es sich um eine *kooperative* Aufgabe, an der religiöse wie nichtreligiöse Bürger gleichermaßen beteiligt seien. Habermas selbst verweist auf die damit verbundenen komplementären Lernprozesse – auf religiöser Seite die dezentrierende Einsicht in die „Relativi[tät] des eigenen Standorts" (Habermas 1999, S. 193), auf säkularer Seite wiederum „die selbstreflexive Überwindung eines säkularistisch verengten und exklusiven Selbstverständnisses der Moderne" (Habermas 2005b, S. 145).

Doch damit allein ist es nicht getan. Wenn sich das nachmetaphysische Denken gegenüber der Religion „lernbereit" (Habermas

2005b, S. 149) verhalten und die Übersetzungsaufgabe eine gemeinsame Aufgabe darstellen soll, an der sich auch nicht-religiöse
Bürger zu beteiligen haben, dann kann die religiöse Rede und
der religiöse „Eigensinn" des Glaubens dem säkular-diskursiven
Denken nicht so „abgründig fremd" (Habermas 2005b, S. 150)
sein, wie es Habermas zugleich festhalten will. Anders formuliert:
Wenn die Übersetzung religiöser Gehalte eine kooperative Aufgabe
sein soll, dann müssen auch die nicht-religiösen Bürger die religiöse Rede in ihrem Eigensinn zumindest verstehen können – sie
könnten sich an der Übersetzungsaufgabe sonst nicht beteiligen
(vgl. zu diesem Einwand auch den Beitrag von Wilhelm Gräb in
diesem Band). Dann aber kann der Graben zwischen Religion und
Vernunft nicht so unüberbrückbar weit und tief sein, wie er von
Habermas immer wieder nachdrücklich ausgehoben wird. Wie
sollte, wenn religiöse Überlieferungen tatsächlich lediglich „das
intransparente Andere der Vernunft" (Habermas 2005b, S. 149)
repräsentierten, zugleich auf vernünftige Weise daran festgehalten
werden können, dass „ihr kognitiver Gehalt noch nicht *abgegolten*
ist" (Habermas 2005b, S. 149) und sie „semantische Potentiale mit
sich führen, die eine inspirierende Kraft für die *ganze* Gesellschaft
entfalten, sobald sie ihre profanen Wahrheitsgehalte preisgeben"
(Habermas 2005b, S. 149)?

2   Gefahren und Grenzen der Übersetzungsmetapher

Das Habermas'sche Modell lässt sich *cum grano salis* als *philoso-
phisch-säkulare Grundlegung einer Theorie des öffentlichen Christentums* deuten. Denn im Widerspruch zur klassisch liberalen
Verdrängung der Religion aus dem öffentlichen Raum arbeitet
er gerade darauf hin, das Christentum – wie auch andere Religi-

onsgemeinschaften – nicht nur in der politischen Öffentlichkeit zu dulden, sondern ihm zugleich eine wichtige Funktion für die Regeneration der moralischen Grundlagen liberaldemokratischer Gesellschaften zuzuschreiben. Der Religion wird aus der Perspektive der nachmetaphysisch-säkularen Vernunft – „mehr als ein vorübergehendes Gastrecht eingeräumt; sie erhält vielmehr vollständige Bürgerrechte in der postsäkularen Gesellschaft" (Schmidt 2007, S. 330). Habermas trägt damit auf philosophischem Boden dem konstitutiven Weltbezug des Christentums in seiner politischen Verantwortungsübernahme für die Gestaltung des Gemeinwohls Rechnung.

Den entscheidenden Schlüssel bietet dabei die Figur einer kooperativen Übersetzung der christlich-religiösen Tradition. Weil in demokratischen, auf wechselseitige Anerkennung gegründeten Gesellschaften nur säkulare Gründe zählen können, bedarf es einer solchen Übersetzung, um christlich-religiöse Motive und Gehalte in politisch-rechtliche Entscheidungen Eingang finden zu lassen. Freilich stellt diese Übersetzungspflicht nicht nur eine einseitige Aufgabe für die religiösen Bürger dar; vielmehr ist *allen* Bürgern zuzumuten, „religiöse Beiträge zu politischen Streitfragen ernst zu nehmen und in kooperativer Wahrheitssuche auf einen Gehalt zu prüfen, der sich möglicherweise in säkularer Sprache ausdrücken und in begründender Rede rechtfertigen lässt" (Schmidt 2007, S. 330). In der Durchführung geht es dann um ein Verständnis der Übersetzung, das den Eigensinn der religiösen Tradition gerade nicht säkularisierend „aufheben", sondern vielmehr in seinem kreativen Bedeutungsüberschuss anschlussfähig zur Geltung bringen will.

Nun liegt die Erschließungskraft der Übersetzungsmetapher offen zu Tage. Sie setzt die unablässige Aufgabe der Vermittlung zwischen Glaube und Wissen, Religion und Vernunft treffend ins Bild – und holt zudem das mühsame Ringen um eine „Zusammenbestehbarkeit"[3] zwischen religiöser Tradition und modernem Weltwissen ein, das insbesondere die Situation des Christentums in der gegenwärtigen Kultur und Gesellschaft prägt.

Dennoch zeigt sich bei näherem Hinsehen, dass die Übersetzungsmetapher höchst voraussetzungsreiche und nicht unproblematische Implikationen mit sich führt[4]. Ihre binäre Grundanlage – die Übertragung einer Ausgangssprache in eine Zielsprache – verlockt dazu, komplexe Verhältnisse vorschnell in ein dichotomisches Gegenüber zu verwandeln. Das zeigt sich zunächst schon bei der strikten Unterscheidung von Religion und Vernunft einerseits – die von Habermas trotz des Wissens um die gemeinsame Herkunft und Geschichte zu einer geradezu unversöhnlichen Alternative getrimmt wird (vgl. Laube 2009) –, bei dem für die klassische

---

3   Dieser sperrige Begriff stammt von Ernst Troeltsch (1913 [1893], S. 229). Zum dahinterstehenden Programm von Troeltsch vgl. Laube (2015).

4   Vielleicht mag es hilfreich sein, folgende Unterscheidung im Auge zu behalten: Habermas geht es um die *säkulare Übersetzung* religiöser Gehalte, nicht um deren *neuzeitlich-moderne Umformung*. Beide Aufgaben greifen vielfältig ineinander: In beiden Fällen geht es darum „dogmatische Verkapselungen" aufzubrechen und die biblisch-christlichen Überlieferungen in einer Weise verständlich zu artikulieren, die zugleich die begriffliche Uneinholbarkeit des Religiösen wahrt und die Gefahr einer selbstsäkularisierenden „Aufhebung" der christlichen Verheißungszusage zu vermeiden weiß. Dennoch sind sie charakteristisch voneinander unterschieden. Im einen Fall – der *Umformung* – geht es um die primär *reflexiv-dogmatische* Aufgabe einer theologischen Rechenschaft über die Gehalte des christlichen Glaubens in dem Bewusstsein, dass die Denk- und Plausibilitätsbedingungen der Moderne eine tiefgreifende Umbildung der klassisch-dogmatischen Traditionsbestände erforderlich machen. Im anderen Fall – der Übersetzung – steht die *politisch-ethische* Aufgabe im Vordergrund, die Verantwortung des Christentums für die Gestaltung des Gemeinwohls wahrzunehmen, indem christlich-religiöse Überzeugungen im Raum der politischen Öffentlichkeit zur Geltung gebracht werden.

Religionssoziologie kennzeichnenden Dual von Religion und Gesellschaft andererseits.

Im ersten Fall übergeht Habermas den Umstand, dass das Christentum mit der Theologie *in sich selbst* eine kritische Reflexionsinstanz ausgebildet hat, deren Aufgabe darin besteht, zwischen den beiden Polen *religiöser Rede* einerseits und säkular-vernünftiger *Rede über die Religion* andererseits zu vermitteln. Das scheinbare Außenverhältnis von Glauben und Wissen, opaker Religion und säkularer Vernunft entpuppt sich so bei näherem Hinsehen als ein Strukturmoment des Christentums selbst – zumal sich die Theologie gerade nicht auf eine bloß distanzierte Reflexion der Religionspraxis beschränken lässt, sondern diese ihrerseits dadurch nachhaltig prägt und verändert. *Im zweiten Fall* übernimmt Habermas mit dem gängigen Dual von Religion und Gesellschaft eine Denkfigur, welche Gefahr läuft, die Religion als distinkt-manifeste Größe gleichsam „neben" der Gesellschaft zu verorten - als sei die Religion nicht selbst immer schon ein sozial virulentes, gesellschaftlich vielfältig verflochtenes Gebilde. Dieser von der Gesellschaft separierten Religion steht dann im Gegenzug eine „religionslose" und insofern säkulare Gesellschaft gegenüber. Damit wird freilich der auf das Faktum religiöser Pluralität und Diversität zielende Begriff des *Säkularen* von vornherein eingeschränkt auf jene *säkularisierungstheoretische* Figur, welche Religion und Christentum nur mehr als überständiges Relikt einer vergangenen Gesellschaftsepoche wahrzunehmen vermag. Auch wenn sich Habermas der schlichten Verlaufslogik des Säkularisierungsschemas durchaus widersetzt (vgl. etwa Habermas 2012), fehlen ihm doch die begrifflichen Mittel, um die Religion aus ihrer begriffsstrategisch verordneten Randstellung zu befreien.

Die Versuchung zu vorschneller Vereinfachung macht sich auch noch in anderer Hinsicht bemerkbar. So suggeriert die Übersetzungsmetapher die Vorstellung, es ließe sich gleichsam ein religiös

„verkapselter" Gehalt in eine allgemein zugängliche säkulare Begrifflichkeit übertragen. Eben diese Vorstellung erweist sich jedoch aus mehreren Gründen als schwierig. *Zunächst* setzt sie eine problematische Trennung von Form und Inhalt voraus – als wäre es möglich, einen semantischen Gehalt verlustfrei-äquivalent von einer sprachlichen Einkleidung in eine andere zu übertragen. Dabei wird freilich verkannt, dass sprachliche Ausdrucksformen nicht einfach einen von ihnen ablösbaren Bedeutungsinhalt transportieren und mithin keineswegs auf die Rolle bloß neutraler, beliebig auswechselbarer „Sinnträger" beschränkt werden können. Vielmehr kleiden sie etwas in Worte oder bringen etwas zum Ausdruck, das als das zum Ausdruck Gebrachte zugleich an die Form dieses Ausdrucks gebunden und nicht unabhängig davon zugänglich ist. Anders formuliert: Form und Inhalt sind zwar zu unterscheiden, aber doch zugleich so ineinander verflochten, dass sich die Vorstellung der schlichten Übertragung religiöser Gehalte in eine säkulare Äquivalenzbegrifflichkeit als Illusion erweist. Als exemplarischer Beleg mag eben das Beispiel dienen, das Habermas selbst als gelungenen Fall einer „rettenden Übersetzung" anführt (vgl. Habermas 2005c, S. 115f.): Der säkulare Begriff der Menschenwürde vermag gerade nicht den in der biblischen Figur der Gottebenbildlichkeit enthaltenen „Oberton" einer konstitutiven Verwiesenheit des Menschen auf ein göttliches Gegenüber aufzunehmen und zur Geltung zu bringen.

Sodann besteht die Gefahr, dass die Übersetzungsfigur dazu verleitet, religiöse Ausgangssprache und säkulare Zielsprache als je in sich einheitliche und zudem miteinander kompatible Größen aufzufassen. Was *das Erstere* betrifft, geht es um den schlichten Sachverhalt, dass sowohl der Bereich des Säkularen als auch der des zu übersetzenden Religiösen keineswegs einheitlich, sondern vielmehr hochgradig plural verfasst sind. Daraus folgt, dass keineswegs selbstverständlich immer schon feststeht, was hier von wem für wen zu übersetzen ist. Anders formuliert: Der von Habermas mit dem Stichwort der Übersetzung geforderte hermeneutische Vermittlungsprozess umfasst weit mehr als nur die möglichst äquivalente Transformation einer religiösen in eine säkulare Semantik. Das zeigt sich auch bei einem Blick auf das *zweite* Moment, die „Gattungsdifferenz" und Inkommensurabilität von religiöser und säkularer Sprache. Habermas selbst betont unermüdlich die bleibende „diskursive Exterritorialität" (Habermas 2005b, S. 135) des Religiösen und spitzt damit zu, was sich in anderer Weise vielleicht als Differenz zwischen dem *symbolischen* Charakter der religiösen Sprache und der *vernünftig-begrifflichen* Gestalt ihres säkularen Gegenstücks beschreiben lässt. Hier ist jenes unübersichtlich-weite Feld aufgerufen, das unter den Schlagworten „Vom Mythos zum Logos", „Religion und Theologie", „Symbol und Metapher" die Reflexion auf das Verhältnis von Glaube und Vernunft, Christentum und Kultur, Religion und Moderne seit jeher begleitet und in seiner sprachphilosophischen, religionstheoretischen und theologischen Komplexität durch eine Berufung auf die schlichte Metapher der Übersetzung nicht annähernd sachgerecht eingeholt werden kann. Das widerlegt diese Figur nicht, weist aber darauf hin, dass die Rede von einer allfälligen Übersetzung religiöser Gehalte nicht schon die *Lösung,* sondern erst das *Problem* des Verhältnisses von Religion und säkularer Kultur und Gesellschaft bezeichnet.

Schließlich soll eine letzte Schwierigkeit nicht unerwähnt bleiben: Vor allem in ihrer Habermas'schen Verwendung geht die Übersetzungsfigur mit der impliziten Voraussetzung einher, dass es darum geht, die *partikulare* Tradition des Christlichen auf diejenigen universalisierbaren Potentiale hin zu durchmustern, die, entsprechend übersetzt, der *allgemeinen* politischen Öffentlichkeit zugemutet werden können. Nun lässt sich mit Recht fragen, ob zumindest theologisch verantwortlich

„das Bekenntnis des Glaubens […] als das Partikulare fungieren [kann], dem das die Universalität wahrende Politische der freiheitlichen Demokratie gegenüber gestellt werden kann? Wäre dies etwas anderes als die Selbstpartikularisierung des Religiösen?" (vgl. Mielke 2017, S. 121).

Dabei geht es gerade nicht darum, sich in illiberalem Geist einer reflexiven Selbstverortung im pluralen Gefüge der demokratischen Gesellschaft zu widersetzen. Vielmehr besteht das Problem darin, dass diese Voraussetzung der Übersetzungsaufgabe im geradezu vorlaufenden Gehorsam den Richtungssinn einschreibt, „verdünnte" religiöse Gehalte und Praktiken „normativ zu privilegieren und als ‚eigentlich' demokratiekompatibel zu beschreiben" (Mielke 2017, S. 122). Auf diese Weise jedoch wird das angestrebte Ziel, einer „erschöpften" säkularen Vernunft gleichsam frische Sinn- und Motivationsressourcen zuzuführen, gerade nicht erreicht. In diesem Sinne ist der selbstpartikularisierende Richtungssinn der Übersetzungsmetapher „für das liberal verstandene Politische selbst dysfunktional, weil programmatisch ‚verdünnte' Religionspraktiken dem Politischen entscheidende Ressourcen nehmen" (Mielke 2017, S. 122).

3   Chancen der Übersetzungsmetapher

So problematisch auf der einen Seite die Tendenz zur unterkomplexen Vereinfachung ist, welche der Übersetzungsmetapher eignet, so hilfreich erweisen sich auf der anderen Seite die Anregungen, die sich aus einer theoretischen Durcharbeitung der Übersetzungsfigur ergeben. Dafür sei im Folgenden zurückgegriffen auf den Vorschlag von George Steiner (2014)[5], im hermeneutischen Prozess der Übersetzung vier Phasen – Vertrauen, Aggression, Einverleibung und Restitution – zu unterscheiden und damit die zählebige klassische Trias von „Wörtlichkeit, Paraphrase und freier Nachahmung" (Steiner 2014, S. 320)[6] zu überwinden.

Steiners Grundgedanke lautet, dass jede Übersetzung ein *Ungleichgewicht* begründet, um dessen *Ausgleich* sie sich zugleich zu bemühen hat. Kriterium einer guten Übersetzung sei daher, wie erfolgreich sie „Entropievermeidung" betreibe und möglichst verlustfrei eben die Bedeutungsordnung wiederherstelle, die sie anfänglich gestört habe:

> „Der Übersetzer, der Exeget, der Leser ist seinem Text nur dann treu, gibt ihm verantwortlich Antwort, wenn er um das Gleichgewicht der Kräfte, die Wiederherstellung der intakten Präsenz bemüht ist, die er durch das aneignende Verstehen gestört hat" (Steiner 2014, S. 319).

In vergleichbarer Weise macht sich auch Habermas das Benjamin'sche Diktum von der „rettenden Übersetzung" zu eigen. Entscheidend ist freilich, dass Steiner hier von einer fragilen Balance spricht und bereits andeutet, dass sie auf dem schlichten Wege semantischer Äquivalenz kaum zu erreichen sein wird.

Die erste Phase des Übersetzungsprozesses markiert dabei das *Vertrauen,* welches der Übersetzer dem von ihm zu übersetzenden Text entgegenbringt. Die Übersetzung beginnt gleichsam mit dem vertrauenden Zugeständnis, dass der zu übersetzende Text es wert ist, übersetzt zu werden – dass er „etwas" beinhaltet, das sich

---

5 Der Verweis auf Steiner verdankt sich Esterbauer (2007, S. 299ff., bes. 318ff.).

6 Zur Übersetzungstheorie und -wissenschaft insgesamt vgl. den einführenden Überblick von Stolze (2011).

verstehen lässt und die Mühe der Übersetzungsarbeit rechtfertigt. Steiner verweist damit auf die hermeneutische Grundfigur, dass jede Übersetzungs- und Verstehensbemühung von dem vorgängigen Vertrauen zehrt, dass sie einen sinnhaften, bedeutungshaltigen und insofern „übersetzungswürdigen" Text vor sich hat, wie vorläufig, fehlbar und überholbar auch immer die jeweilige Übersetzung dann auch ausfallen mag (zu diesem das hermeneutisch-interpretative Denken – einschließlich des Dekonstruktivismus – insgesamt kennzeichnenden „Sinnvorschuss" vgl. Angehrn 2002). Dieser hermeneutische Vertrauensvorschuss findet seine leicht erkennbare Parallele in der Habermas'schen Forderung an die Adresse der säkularen Öffentlichkeit, sich religiösen Traditionen und Über-lieferungen gegenüber lernbereit zu verhalten – und eben „nicht auszuschließen, dass sie semantische Potentiale mit sich führen, die eine inspirierende Kraft für die *ganze* Gesellschaft entfalten, sobald sie ihre profanen Wahrheitsgehalte preisgeben" (Habermas 2005b, S. 149).

Dem Vertrauen folgt in der zweiten Phase die *Aggression*. Eine Übersetzung ist Steiner zufolge „eine Invasion, ein Beutefeldzug" (Steiner 2014, S. 313). Denn es geht um die verstehende Aneignung eines fremden Textes, mit deren Gelingen „der Übersetzer als siegreicher Eroberer die fremde Bedeutung als Gefangenen nach Hause bringt" (Steiner 2014, S. 313). Hatte sich im anfänglichen Vertrauen der Übersetzer gleichsam dem Text ausgeliefert, so kehrt sich das Ungleichgewicht nun um: „Der Übersetzer dringt ein, raubt und heimst ein" (Steiner 2014, S. 314). Einer Übersetzung eignet stets auch das Moment, aus dem zu übersetzenden Text etwas „herauszubrechen", einen unterstellten Sinn- oder Wahrheitsgehalt gleichsam zu „knacken" und in eine andere Sprache zu übertragen. Dabei ist Steiner daran gelegen, das Gewalttätige dieses Prozesses herauszustellen. Eine Übersetzung greift den zu übersetzenden

Text an und fügt ihm durch die übersetzende Aneignung einen Schaden zu; er wird in gewisser Weise „ausgeplündert".

Die dritte Phase bezeichnet Steiner als *Einverleibung*. Sie ist in sich dialektisch bestimmt. Denn es geht darum, das geraubte Beutegut nun in den eigenen Sprach- und Deutungszusammenhang einzufügen und darin gleichsam heimisch zu machen. Freilich kann sich dieser Einverleibungsprozess in seinem Richtungssinn auch umkehren und das bisherige Sprachgefüge aus dem Gleis bringen: „Keine Sprache, kein überliefertes Symbolsystem oder kulturelles Ensemble importiert ohne das Risiko, transformiert zu werden. [...] Die Dialektik der ‚Einverleibung' macht es möglich, daß man selbst gefressen wird" (Steiner 2014, S. 314f.). Steiner unterscheidet zwischen zwei Varianten einer solchen „Einverleibungsdialektik". Das übernommene Gut könne gleichsam sakramental-inkarnatorisch der Empfängersprache neue Quellen und Ausdrucksmöglichkeiten erschließen; ebenso denkbar sei freilich, dass sich die fremdsprachliche Zufuhr „wie eine Infektionskrankheit" (Steiner 2014, S. 315) in der einheimischen Sprache ausbreitet.

Hier ist die innere Mitte des Übersetzungsprozesses erreicht. Er wird von Steiner so bestimmt, dass es nicht lediglich um eine technische „Konvertierung" geht, sondern die Zielsprache durch die Einverleibung der übersetzten Bestände eine kreative Bereicherung und Erweiterung erfährt. Die übersetzende Aneignung zielt insofern nicht auf eine zurechtstutzende „Einpassung" des Übersetzten in die heimische Sprache; vielmehr besteht die Pointe gerade umgekehrt darin, der heimischen Sprache durch „Einverleibung" des Übersetzten neue Sinnpotentiale und Artikulationsformen zu erschließen.

Damit erscheint auch die Habermas'sche Übersetzungsfigur in einem veränderten Licht. Sie changiert bei ihm zwischen den beiden Polen, *auf der einen Seite* das abgründig Religiöse in den Horizont des säkular Vernünftigen einpassen – wenn nicht gar domestizieren – zu wollen und zugleich *auf der anderen Seite* zu betonen, dass diese Übersetzung der kreativen Entbindung religiös verkapselter und säkular verschütteter Bedeutungspotentiale dienen soll. Vor dem Hintergrund von Steiners Übersetzungstheorie wird nun deutlich, dass sich dieses Changieren keiner Unausgeglichenheit im Habermas'schen Theoriegefüge verdankt, sondern vielmehr eine konstitutive Spannung bezeichnet, die der Übersetzung als solcher eignet – auch wenn Habermas sie eigentümlich unterbelichtet lässt. Denn seine Übersetzungsforderung kann nun gerade nicht auf eine säkularisierende Aufhebung des religiösen Erbes hinauslaufen. Stattdessen geht es darum, dem engen Korsett der nachmetaphysisch ernüchterten säkularen Vernunft reichere Artikulations- und Ausdrucksmöglichkeiten zu erschließen. Zugespitzt formuliert: Die Übersetzung zielt nicht auf eine „Verdünnung" des Religiösen, sondern gerade umgekehrt auf eine Erweiterung des Säkularen.

Darin liegt *zum einen* beschlossen, dass der Übersetzungsarbeit ein elementar kreatives Moment eingeschrieben ist. Sie erschöpft sich nicht darin, für einen religiösen Gehalt lediglich ein säkulares Äquivalent ausfindig zu machen. Stattdessen geht es darum, den Rahmen des Säkularen innovativ zu erweitern – also im Vollzug der Übersetzung Artikulationsformen zu gewinnen, die zuvor nicht zur Verfügung standen. So gesehen, füllt die Übersetzung nicht einfach nur neuen Wein in alte Schläuche, sondern erneuert mehr noch die alten Schläuche, damit sie den neuen Wein zu fassen vermögen.

Von hier aus ergibt sich eine überraschende Nähe zum hermeneutischen Ansatz Paul Ricoeurs, der gemeinhin als Alternative zum liberalen Übersetzungsparadigma betrachtet wird. „Das Symbol gibt zu denken" (Ricoeur 2010, S. 185), lautet hier die programmatische Formel, und Ricoeur ergänzt: „Dieser Satz [...] besagt zwei Dinge; das Symbol gibt, ich setze den Sinn nicht, vielmehr gibt das Symbol ihn; aber was es gibt, das ist ‚zu denken', etwas zu denken" (Ricoueur 2010, S. 185). Dieses Denken wiederum sucht Ricoeur so zu bestimmen, dass es weder darin aufgeht, das Symbol allegorisierend zu übersetzen, noch umgekehrt in den Fehler verfällt, es dogmatisierend zu *reifizieren*: „Wie ist es möglich, aus dem Symbol einen Sinn herauszulösen, der das Denken in Gang bringt, ohne daß man einen bereits vorhandenen, verborgenen, verhüllten, verdeckten Sinn voraussetzt noch dem Pseudo-Wissen einer dogmatischen Mythologie verfällt?" (Ricoueur 2010, S. 199). Als Lösung schlägt er den Weg einer „schöpferischen" Interpretation vor,

> „die das ursprüngliche Rätsel der Symbole achtet und sich von ihm belehren läßt, die anderseits aber von diesem Boden aus den Sinn fördern und ihn in der vollen Verantwortlichkeit eines autonomen Denkens entfalten will" (Ricoueur 2010, S. 199).

Ricoeur wehrt sich mithin gegen ein *reduktionistisches* Verständnis des religiösen Symbols, das meint, durch Übersetzung in den vernünftigen Begriff dessen zuvor verhüllten Sinn offenlegen zu können. Stattdessen fordert er einen *denkenden* Umgang mit dem Symbol, der dessen Sinn auf dem Boden der säkularen Vernunft so zu entfalten sucht, dass dabei die denkende Vernunft selbst in Bewegung gerät und sich gar „belehren" lässt. So verschieden Übersetzungsparadigma und Symbolhermeneutik auch ausgerichtet sein mögen, so sehr kommen doch beide darin überein, die religiösen Überlieferungen für eine innovativ-kreative Erweiterung des säkularen Vernunfthorizonts fruchtbar machen zu wollen – und mag diese auch darin bestehen, dass das Denken gleichsam „von innen" der eigenen Herkunft und Grenzen inne wird.

Umso deutlicher tritt damit *zum anderen* die hermeneutische Schlichtheit der Öffentlichen Theologie mit ihrer Maxime der „Zweisprachigkeit" zutage. So bestimmt namentlich Heinrich

Bedford-Strohm[7] die Öffentliche Theologie als das Unterfangen, im politisch-öffentlichen Diskurs dem „gesellschaftlichen Orientierungsbedarf in Grundfragen des Menschseins" (Bedford-Strohm 2012, S. 40) Rechnung zu tragen und die christliche Perspektive auf die Gestaltung des Gemeinwohls zur Geltung zu bringen. Charakteristisches Kennzeichen sei dabei ihre Zweisprachigkeit:

> „Einerseits gibt sie Rechenschaft über die biblischen und theologischen Wurzeln der entsprechenden Aussagen. Andererseits impliziert sie ausdrückliche Ausführungen zu der Frage, warum die zum Ausdruck gebrachten Überlegungen und Bekräftigungen für alle Menschen guten Willens Sinn machen. Neben der biblischen und theologischen Sprache muss öffentliche Theologie deswegen auch die Sprache des säkularen Diskurses beherrschen und sich in philosophischen, politischen oder ökonomischen Debatten verständlich zu machen suchen" (Bedford-Strohm 2012, S. 41).

Abgesehen davon, dass die durchschimmernden Anklänge an das prophetische „Wächteramt" überaus problematische Eindeutigkeits- und Superioritätsansprüche mit sich führen, wird hier auseinandergerissen und auf zwei verschiedene „Sprachen" verteilt, was doch gerade in seinem Zusammenhang die Aufgabe der Theologie ausmacht. Bedford-Strohm missversteht die Aufgabe der Übersetzung, wenn er meint, es sei allein damit getan, die Sprache des säkularen Diskurses zu beherrschen. Es geht gerade darum, im Vollzug der Übersetzungsarbeit diese Sprache kreativ zu öffnen und in ihr mehr zu sagen, als sie von sich aus zu sagen vermag. Eben darin besteht die grundlegende Vermittlungsaufgabe der

---

7   Vgl. für das Folgende die komprimierte Skizze bei Bedford-Strohm (2012, bes. S. 40ff.). – Zu Geschichte und Profil der Öffentlichen Theologie vgl. darüber hinaus Höhne (2015). – Eine Kritik dieses Programms, welche die Figur der Zweisprachigkeit freilich ausklammert, findet sich bei Albrecht und Anselm (2017, S. 27ff.).

Theologie – und sie erfüllt diese Aufgabe nicht, indem sie religiöse Binnensprache und säkulare Diskurssprache auseinanderreißt, sondern indem sie auf dem Boden und mit den Mitteln der Vernunft dieser das Bewusstsein für das wachhält, was sie von sich aus weder beseitigen noch ersetzen, weder begründen noch erreichen kann. Die Figur der Zweisprachigkeit hingegen führt unvermeidlich in die Alternative von religiöser Schwärmerei einerseits und christlicher Parteipolitik andererseits – und es gehört zur schweren Hypothek der Öffentlichen Theologie in der Spielart Bedford-Strohms, dass hier beide Folgen zusammenfallen.

Es fehlt noch die vierte und letzte Phase des von Steiner analysierten Übersetzungsprozesses. Er fasst sie unter dem Titel *Restitution* (Steiner 2014, S. 320). Hier gehe es darum, reziproken Ausgleich zu schaffen, „eine neue Parität" (Steiner 2014, S. 316) herzustellen und so den hermeneutischen Prozess zum Abschluss zu bringen. Das geschehe dadurch, dass der Übersetzungsakt durch seinen Vollzug selbst – indem er etwa mehr Horizonte, Obertöne und Nuancen entdeckt, als zunächst gesehen worden waren – den Originaltext an Eigenstatur gewinnen lässt:

> „Die Überdeterminierung des interpretatorischen Aktes ist in sich inflationär: er ‚entdeckt mehr, als man mit bloßem Auge erkennen kann', er findet ‚die Übereinstimmung von Inhalt und Form inniger und vertrackter, als man bisher gemerkt hat'. Einen Text für übersetzenswert zu halten bedeutet unmittelbar, ihm eine erhöhte Würde zuzusprechen und ihn in einen Dynamismus der Vergrößerung hineinzuziehen […]. Übertragung und Umschreibung vergrößern die Statur des Originals" (Steiner 2014, S. 317).

Eine Übersetzung ersetzt also das Original nicht, sondern stellt es gerade als ihr bleibendes Gegenüber heraus. Sie stärkt und „restituiert" gleichsam den Originaltext, indem sie ihm neue, bisher unabgegoltene Bedeutungsgehalte und Sinnpotentiale zuschreibt.

Kurz gefasst: Eine Übersetzung verändert nicht nur die Sprache, *in* die übersetzt wird, sondern auch das Original, *das* übersetzt wird. Auf diese Weise gelangt für Steiner das Ungleichgewicht, welches die Übersetzung eingeführt hatte, wieder in eine neue Balance:

> „Die Bedeutungsmesser, die Zähler der kulturellen, psychologischen Wohltaten bewegen sich in beiden Richtungen. Im Idealfall kommt dabei Tausch ohne Verlust zustande. So gesehen, ist Übersetzung eine Widerlegung der Entropie; Ordnung wird an beiden Enden des Zyklus gewahrt, an der Quelle und beim Empfänger" (Steiner 2014, S. 319).

Steiner geht es hier ein letztes Mal darum, ein Übersetzungsmodell zu skizzieren, das gerade nicht auf enteignende Aufhebung oder ersetzende Übertragung ausgerichtet ist. Eine gelungene Übersetzung „vernichtet" nicht, sondern lässt vielmehr umgekehrt den übersetzten Originaltext an Abstand und Statur gewinnen. Steiner nimmt damit dem geradezu klassischen Einwand gegen das liberale Übersetzungsparadigma den Wind aus den Segeln. Dieser Einwand beruft sich auf die vernünftig-säkulare Nichteinholbarkeit der religiösen Symbolsprache und beschwört folgerichtig die Gefahr einer säkularisierenden Selbstaufhebung des Religiösen im Zuge seiner vernünftigen Übersetzung. Irritierenderweise hat sich sogar Habermas selbst der Suggestivkraft dieses Einwandes nicht entziehen können. Anders ist es jedenfalls nicht zu verstehen, dass er zunächst nachdrücklich eine reflexive Modernisierung des religiösen Bewusstseins einfordert – und dann als „Anpassung" (Habermas 2006, S. 372) an das säkulare Bewusstsein schmäht, wenn die Theologie eben diesen Schritt vollzieht.

Nun hat sich schon mehrfach gezeigt, dass eine solche statische Ersetzungsvorstellung dem hermeneutisch komplexen Übersetzungsgeschehen, wie Steiner es auffächert, nicht gerecht wird. Hier folgt jetzt gleichsam der letzte Schlussstein: Eine Übersetzung macht das Original nicht überflüssig; vielmehr ist es die Übersetzung selbst, welche die unabschließbare Unübersetzbarkeit des Originals regeneriert und neu in Geltung setzt. Auf seine Weise schärft Steiner damit eine hermeneutische Grundeinsicht im Umgang mit der Religion ein: Das denkerische Bemühen um eine übersetzende Vermittlung der religiösen Symbolgehalte erschöpft diese nicht, sondern lässt sie allererst in ihrer alle begrifflichen Einholungsversuche übersteigenden Artikulations- und Erschließungskraft wirksam werden und zu Tage treten.

Literatur

Albrecht, Christian und Reiner Anselm. 2017. *Öffentlicher Protestantismus. Zur aktuellen Debatte um gesellschaftliche Präsenz und politische Aufgaben des evangelischen Christentums.* Zürich: Theologischer Verlag.

Angehrn, Emil. 2002. Dekonstruktion und Hermeneutik. In *Philosophie der Dekonstruktion. Zum Verhältnis von Normativität und Praxis,* hrsg. von Andrea Kern und Christoph Menke, 177–199. Frankfurt a. M.: Suhrkamp.

Audi, Robert und Nicholas Wolterstorff (Hrsg.). 1997. *Religion in the Public Square. The Place of Religious Convictions in Political Debate.* Lanham, MD: Rowman & Littlefield.

Audi, Robert. 2000. *Religious Commitment and Secular Reason.* New York: Cambridge University Press.

Bedford-Strohm, Heinrich. 2012. Öffentliche Theologie als Theologie der Hoffnung. *International Journal of Orthodox Theology* 3 (1): 38–50.

Esterbauer, Reinhold. 2007. Der „Stachel eines religiösen Erbes". Jürgen Habermas' Rede über die Sprache der Religion. In *Glauben und Wissen. Ein Symposium mit Jürgen Habermas,* hrsg. von Rudolf Langthaler und Herta Nagl-Docekal, 299–320. Wien: Oldenbourg Akademieverlag.

Habermas, Jürgen. 1999. Über Gott und die Welt. Eduardo Mendieta im Gespräch mit Jürgen Habermas. *Jahrbuch Politische Theologie* 3 (1999): 190–209.

Habermas, Jürgen. 2001. *Glauben und Wissen. Friedenspreis des Deutschen Buchhandels.* Frankfurt a. M.: Suhrkamp.

Habermas, Jürgen. 2005a. Die Grenze zwischen Glauben und Wissen. Zur Wirkungsgeschichte und aktuellen Bedeutung von Kants Religionsphilosophie. In *Zwischen Naturalismus und Religion. Philosophische Aufsätze*, 216–257. Frankfurt a. M.: Suhrkamp.

Habermas, Jürgen. 2005b. Religion in der Öffentlichkeit. Kognitive Voraussetzungen für den „öffentlichen Vernunftgebrauch" religiöser und säkularer Bürger. In *Zwischen Naturalismus und Religion. Philosophische Aufsätze*, 119–154. Frankfurt a. M.: Suhrkamp.

Habermas, Jürgen. 2005c. Vorpolitische Grundlagen des demokratischen Rechtsstaates?. In *Zwischen Naturalismus und Religion. Philosophische Aufsätze*, 106–118. Frankfurt a. M.: Suhrkamp.

Habermas, Jürgen. 2007. Replik auf Einwände, Reaktion auf Anregungen. In *Glauben und Wissen. Ein Symposium mit Jürgen Habermas*, hrsg. von Rudolf Langthaler und Herta Nagl-Docekal, 366–414. Wien: Oldenbourg Akademieverlag.

Habermas, Jürgen. 2008. Ein Bewußtsein von dem, was fehlt. In *Ein Bewußtsein von dem, was fehlt. Eine Diskussion mit Jürgen Habermas*, hrsg. von Michael Reder und Josef Schmidt, 26–36. Frankfurt a. M.: Suhrkamp.

Habermas, Jürgen. 2012. Ein neues Interesse der Philosophie an der Religion? Ein Interview von Eduardo Mendieta. In *Nachmetaphysisches Denken II. Aufsätze und Repliken*, 96–119. Frankfurt a. M.: Suhrkamp.

Höhne, Florian. 2015. *Öffentliche Theologie. Begriffsgeschichte und Grundfragen.* Leipzig: Evangelische Verlagsanstalt.

Laube, Martin. 2009. Christentum und „postsäkulare" Gesellschaft. Theologische Anmerkungen zu einer aktuellen Debatte. *Zeitschrift für Theologie und Kirche* 106 (4): 458–476.

Laube, Martin. 2015. Der Denker der „Zusammenbestehbarkeit". Ernst Troeltschs Ringen um die Vermittlung von Christentum und Moderne. *Akademie Aktuell* 61 (1): 38–41.

Mielke, Roger. 2017. Politische Ekklesiologien. Die Demokratiedenkschrift von 1985 und theologische Diskurse um den Ort der Kirche im demokratischen Staat. In *Aneignung des Gegebenen. Entstehung und Wirkung der Demokratie-Denkschrift der EKD*, hrsg. von Hans Michael Heinig, 99–126. Tübingen: Mohr Siebeck.

Rawls, John. 1998. *Politischer Liberalismus*. Frankfurt a. M.: Suhrkamp.

Rawls, John. 1999. The Idea of Public Reason Revisited. In *John Rawls. Collected Papers*, hrsg. von Samuel Freeman, 573–615. Cambridge, MA: Harvard University Press.

Ricoeur, Paul. 2010. Hermeneutik der Symbole und philosophische Reflexion (I). In *Der Konflikt der Interpretationen. Ausgewählte Aufsätze (1960-1969)*, hrsg. von Daniel Creutz und Hans-Helmut Gander, 84–217. Freiburg i. Br.: Karl Alber Verlag.

Schmidt, Thomas M. 2007. Religiöser Diskus und diskursive Religion in der postsäkularen Gesellschaft. In *Glauben und Wissen. Ein Symposium mit Jürgen Habermas*, hrsg. von Rudolf Langthaler und Herta Nagl-Docekal, 322–340. Wien: Oldenbourg Akademie Verlag.

Steiner, George. 2014. *Nach Babel. Aspekte der Sprache und des Übersetzens*. Frankfurt a. M.: Suhrkamp.

Stolze, Radegundis. 2011. *Übersetzungstheorien. Eine Einführung*. 7. Aufl. Tübingen: Gunter Narr Verlag.

Trautsch, Asmus. 2004. Glauben und Wissen. Jürgen Habermas zum Verhältnis von Philosophie und Religion. *Philosophisches Jahrbuch 111* (2004): 180–198.

Troeltsch, Ernst. 1913 [1893]. Die christliche Weltanschauung und ihre Gegenströmungen. In *Gesammelte Schriften von Ernst Troeltsch. Bd. 2: Zur religiösen Lage, Religionsphilosophie und Ethik*, hrsg. von Ernst Troeltsch, 227–327. Tübingen: J.C.B. Mohr.

Weithman, Paul J. 2002. *Religion and the Obligations of Citizenship*. Cambridge: Cambridge University Press.

Willems, Ulrich. 2013. Religion und Moderne bei Jürgen Habermas: In *Moderne und Religion. Kontroversen um Modernität und Säkularisierung*, hrsg. von Ulrich Willems, Detlef Pollack, Helene Basu und Thomas Gutmann, 489–526. Bielefeld: transcript.

Wolterstorff, Nicholas. 1997. Why We Should Reject What Liberalism Tells Us about Speaking and Acting in Public for Religious Reasons. In *Religion and Contemporary Liberalism*, hrsg. von Paul J. Weithman, 162–181. Notre Dame, IN: University of Notre Dame Press.

Wahrheitsansprüche der Religionen in pluralen Gesellschaften
Überlegungen zu ihrer theoretischen Differenzierung und friedlichen Gestaltung

André Munzinger

1   Einleitung

Bei jeder Begegnung zwischen Menschen unterschiedlicher Kulturen und Religionen treffen Geltungsansprüche aufeinander. Gefährden diese Ansprüche den gerechten Frieden? Was bedeutet das Aufeinandertreffen von Geltungsansprüchen: Stellt der interreligiöse Dialog nur den „Meinungsaustausch" in Aussicht (Europarat 2009, S. 10)? Oder handelt es sich um die Arbeit an Wahrheitsansprüchen (vgl. EKD 2006, S. 112f.), die jeweils für alle Menschen gelten sollen? Was genau ist gemeint, wenn Wahrheit beansprucht wird: eine Realitätsbeschreibung, die allgemeine Anerkennung findet, ein Gefühl, das geteilt wird oder ein gemeinsames Verfahren? Wie lässt sich schließlich ein friedlicher Handlungsraum der gelebten Differenz in Gewissheitsfragen eröffnen? Diese Fragen reißen einen weiten Theoriehorizont auf, der hier nur thesenartig mit der Bearbeitung einiger Problemkonstellationen aufgezeigt werden kann.

Die Argumentationslinie im Weiteren verläuft wie folgt: Religion gibt es nur als vielfältige Erscheinung, denn sie beruht auf

© Springer Fachmedien Wiesbaden GmbH, ein Teil von Springer Nature 2019
S. Jäger und R. Anselm (Hrsg.), *Ethik in pluralen Gesellschaften*,
Gerechter Frieden, https://doi.org/10.1007/978-3-658-23791-2_5

einer individuellen Anschauung und einer partikularen Wirk-
lichkeitserfahrung. Mit diesem Verständnis von Religion werden
Wahrheitsansprüche relativiert. Darüber hinaus lässt sich aber die
Ausbildung von starken emotiven, voluntativen und kognitiven
Geltungsansprüchen in den Religionen nicht vermeiden. Vielmehr
sind religiöse Erfahrungen durch Merkmale starker Evidenz und
Gewissheit gekennzeichnet. Deshalb gilt es, die Art der Geltungsansprüche genau zu bestimmen, deren konfliktuelles Potenzial zu
berücksichtigen und ihre friedliche Gestaltung auf Dauer zu stellen.

2   Religiösen Pluralismus erfassen

Dass der religiöse Pluralismus als gegeben anerkannt wird, ist
nicht selbstverständlich. Die biblischen und frühchristlichen
Texte geben keine explizite und ausführliche Hilfestellung, um
mit einer Vielfalt an religiösen Ansichten in einer Gesellschaft
in anerkennender und friedlicher Weise umzugehen (vgl. Luz
2010, S. 93ff.). Ihre Fragestellungen waren andere. Eine pluralistische Ausrichtung stand nicht zur Debatte, vielmehr war die
Orientierung an dem alleinigen Heil in Christus maßgebend.[1]
Für den friedlichen Umgang mit anderen Überzeugungen und
Gesinnungen – ob innerhalb oder außerhalb des Christentums –
waren diese Wahrheitsansprüche oftmals kontraproduktiv (zur
Definition des Inklusivismus, Pluralismus und Exklusivismus vgl.
die weiteren Ausführungen). Auch die Reformatoren bieten abwer-
tende und diffamierende Aussagen über andere Glaubensweisen

---

1   Allerdings sind durchaus Texte zu finden, die auf Toleranz hin aus-
     gelegt werden können. So liest Reinhold Bernhardt (2014, S. 33) das
     Gleichnis vom Unkraut unter dem Weizen (Mt 13,24-30) als „Magna
     Charta der christlichen Toleranz", weil nur Gott die Sichtung und
     Ernte zustehen.

und Religionen (vgl. Pangritz 2008). Zugleich sind erste Ansätze einer kritischen Selbstreflexion zu erkennen. So bemerkt Martin Luther eine wegweisende Begrenzung menschlicher Ansprüche auf Wahrheit, indem er rückblickend feststellt,

> „welche rasenden Leute wir so lange Zeit gewesen sind, die wir die Türken mit dem Schwert, die Ketzer mit dem Feuer, die Juden mit Töten haben wollen zum Glauben zwingen, und das Unkraut ausrotten mit unserer eigenen Gewalt; gerade als wären wir die Leute, die über Herzen und Geister regieren könnten und wir sie möchten fromm und recht machen, was doch allein Gottes Wort tun muss" (Luther 1927 [1525], S. 124f.).

Die intensive, aber jeweils sehr unterschiedlich gelagerte Auseinandersetzung mit Wahrheitsansprüchen durch die Renaissance, Reformation und auch aufgrund der Konfessionskriege im Rahmen der westfälischen Ordnung bieten vorsichtige Überlegungen zur Gewissensfreiheit des Individuums und eine wachsende Sensibilität für Differenz.

Beachtlich sind die Versuche seit dem 18. Jahrhundert, die Vielfalt der Religionen als *Theorieproblem* aufzugreifen. Friedrich Schleiermacher zeigt Ansätze für einen differenzierten Umgang mit dem Spannungsbogen zwischen Pluralismus und Positionalität auf:

> „Jeder muß sich bewußt sein, daß die seinige nur ein Theil des Ganzen ist, daß es über dieselben Gegenstände, die ihn religiös affiziren, Ansichten giebt, die eben so fromm sind und doch von den seinigen gänzlich verschieden" (Schleiermacher 1984 [1799], S. 216f.).

Es wird herausgearbeitet, dass die Religion auf ein zentrales Moment des Menschseins verweist, nämlich auf die affektive Erfassung der Wirklichkeit, die wiederum „wie eine heilige Musik" voluntative und kognitive Prozesse begleitet (Schleiermacher 1984 [1799],

S. 219). Dieses Moment liegt in dem individuellen Bezogensein auf Ganzheit. Die analytische Differenzierung macht es möglich, die religiöse Gewissheit selbst nicht in Frage zu stellen, weil sie auf der emotionalen Ebene für das Individuum von existenzieller und unzweifelhafter Bedeutung ist. Da diese emotionale Dimension der Gewissheit allerdings der kognitiven Deutung bedarf, lässt sich auf dieser Ebene durchaus Distanz zur eigenen Religiosität gewinnen. Religiosität wird zwar passiv konstituiert, aber sie entzieht sich nicht der aktiven Reflexion, mit der auch Kritik an der eigenen Tradition und ein Vergleich mit anderen Überzeugungen durchgeführt werden können.

Die Hervorhebung der individuellen religiösen Gewissheit ermöglicht es, die Verschiedenartigkeit der Gewissheiten zu würdigen. Vielfalt wird positiv bewertet, sie gehört zum Menschsein dazu. Dabei entsteht Vielfalt *durch* Religion: Indem Menschen ihre Wirklichkeit in einer letztgültigen Weise beschreiben, sind sie religiös ausgerichtet. Weil sie diese Beschreibung nur individuell durchführen können, entwickelt sich Vielfalt aus der Religion heraus. In diesem Sinn stellen die vielfältigen Wirklichkeitsverständnisse keinen aufhebbaren Zustand dar, sondern sind mit der Verfasstheit des Menschen verbunden (vgl. Munzinger 2015, S. 211ff.).

3 Theorietiefen der Geltungsansprüche ausloten

Damit sind aber die Theorietiefen religiöser Vielfalt noch nicht ausgelotet. Diese bestehen zunächst aus der Spannung zwischen historischem Denken und dem normativen Verständnis beispielsweise von religiösen Texten und Offenbarungserfahrungen. So wird erörtert, ob die Geschichtlichkeit des Denkens im Widerstreit mit jenen Geltungsansprüchen liegt oder ob Religionen sich in ein positives Verhältnis zur partikularen Genesis ihrer Identität setzen können (vgl. Troeltsch 2008 [1923]): Bewirkt die Geschichte eine Auflösung der religiösen Gewissheit oder lassen sich Genesis und Geltung konstruktiv aufeinander beziehen?

Es gibt verschiedene religionsphilosophische Versuche, sich innerhalb dieses Fragenkomplexes zurechtzufinden: Während fundamentalistische Gruppierungen absolute Gewissheit an bestimmten Personen, Schriften oder Traditionen festmachen, stellen säkularistische Personen oder Gruppen religiöse Geltungsansprüche insgesamt infrage und diskreditieren sie aufgrund einer skeptizistischen oder naturalistischen Weltanschauung.

Zwischen diesen Polen, die beide ausgrenzende Momente aufweisen, sind religionsphilosophisch zwei wesentliche *Vermittlungsversuche* zu vermerken: Auf der einen Seite wird eine gemeinsame Vernunftebene aufgrund metaphysischer oder anthropologischer Argumente erarbeitet, um die Sinnhaftigkeit eines Gottesglaubens im Horizont geteilter Erfahrungen zu belegen. Auf der anderen Seite wird die Vernunft selbst als partikular angesehen und *alle* Geltungsansprüche – ob säkular oder religiös – werden relativiert und somit auf subjektive Gewissheitserfahrungen reduziert (vgl. Deuser 2009, S. 1ff.).

Beide Zugänge sind apologetisch in ihrer Ausrichtung. Sie antworten auf die Infragestellung religiöser Wahrheitsansprüche und machen geltend, dass ihre Geschichtlichkeit den religiösen Geltungsanspruch nicht auflösen muss. Beide Zugänge haben ihr Recht und müssen sorgfältig aufeinander bezogen werden. Der erste, metaphysische oder anthropologische Zugang geht davon aus, dass Menschen grundlegende Erfahrungen teilen und eine universale Vergleichbarkeit möglich ist. Menschen sind nicht nur in ihren primären Bedürfnissen strukturähnlich, sondern lassen sich auch in ihren höherstufigen, kulturellen Konstruktionen vergleichen. Somit lassen sich grundlegende Fragen zur Wahrheitsfähigkeit des Menschen allgemeingültig beantworten. Sie sind nämlich auf Sinn bezogen. Und diese Sinnhaftigkeit lässt sich mit der Gottessuche verbinden. Dieser formale Weg wird letztlich aber auf der inhaltlichen Ebene eine Grenze finden. Inhaltlich wird der Dissens über die Natur und die Qualität des Sinnes vorherrschend bleiben, denn die Antworten auf die Sinnfragen sind individuell geformt. Hier liegt die Stärke des zweiten Zugangs, bei dem alle Geltungsansprüche nivelliert werden und ihre Subjektbezogenheit herausgestellt wird.

Neben diesen religionsphilosophischen Fragestellungen sind auch religionssoziologische Gesichtspunkte zu bemerken, die für das Verständnis von Geltungsansprüchen wichtig sind: Denn es stellt sich zunehmend die Frage, wie homogen oder heterogen religiöse Identität zu bestimmen ist. Eine wachsende Zahl religionswissenschaftlicher Studien macht auf die erheblichen Spannungen und fundamentalen Gegensätze innerhalb der Religionen aufmerksam (ausgehend von Riesebrodt 2001). So sind fließende Übergänge zwischen Religionen hervorzuheben, die aufgrund weitreichender interner Differenzierungsprozesse nicht als homogene Größen zu betrachten sind, sondern transreligiöse Merkmale aufweisen. Religion ist sowohl innerhalb bestimmter Konfessionsgrenzen als auch außerhalb dieser durch Pluralität gekennzeichnet.

Individualisierungs- und Säkularisierungsprozesse lassen gemeinschaftliche und organisierte Formen von Religiosität stärker in den Hintergrund treten. Die Infragestellung von Religion insgesamt ist zwar längst nicht mehr selbstverständlich. Vielmehr wird durch die postsäkulare Zeitdiagnose und entsprechende religionssoziologische Studien deutlich, dass sich religiöse und säkulare Überzeugungen parallel entwickeln und neue Identitätsmuster zu bestimmen sind (vgl. Bernhardt 2008, S. 267ff.). Es wird aber deutlich, dass sich in stark säkularisierten Gesellschaften die Stellung von Kirchen, Moscheen und anderen organisierten Formen von Religiosität verändert und individuelle Antworten und Lebensstile gesucht werden. Für die Wahrheitsansprüche in den Religionen lassen sich daraus keine einfachen Schlussfolgerungen ziehen. Einerseits lässt sich erhoffen, dass die Individualisierung von Religiosität auch eine stärkere Toleranz für Differenz und *Alterität* impliziert. Andererseits ist durch die Individualisierung auch die soziale Komponente der Kritik und Weiterentwicklung von Religiosität nicht in derselben Weise gegeben, wie sie beispielsweise in einer kirchlichen Struktur möglich ist. Auch individuelle Religiosität wird also auf Formen der Intersubjektivität und *Sozialität* angewiesen bleiben.

Die Diskussion zeigt, dass es religionsphilosophisch und -soziologisch anspruchsvolle Theorietiefen gibt, die es zu navigieren gilt, sollen die Geltungsansprüche im Rahmen moderner Wissenskultur und sich individualisierender Gesellschaftsformen zu bestimmen sein. Im weiteren Verlauf wird die Binnendifferenzierung von Geltungsansprüchen weiter erörtert.

4   Charakter der Geltungsansprüche klären

Die Einteilung, die sich in religionstheologischer Hinsicht zur Einordnung von religiösen Geltungsansprüchen durchgesetzt hat, läuft auf drei Relationsbegriffe hinaus: Exklusivismus, Inklusivismus und Pluralismus. Deren Charakterisierung lässt sich hier nur vereinfachend beschreiben: Exklusivisten erkennen das Heil in einer, nämlich der eigenen Religion an; Inklusivisten finden es in vielen Religionen, aber eine, nämlich die eigene, überbietet und integriert die anderen. Und Pluralisten finden das Heil in mehreren oder gar allen Religionen vor und verstehen ihre eigene Position als eben eine unter vielen (vgl. ausführlicher Danz 2005).

Diese drei Positionen stellen allerdings keine klaren Konturen bereit. Exklusivistische Momente in Gewissheitserfahrungen sind zum Beispiel nicht einfach grundsätzlich auszuschalten. Wenn Menschen durch bestimmte religiöse Erfahrungen oder Offenbarungen berührt werden, lässt sich deren Geltung nicht relativieren. Wenn Gläubige Gott als gütig und liebevoll ansehen, wird diese Position nicht mit dem Annehmen eines gewalttätigen, feindseligen Gottes kompatibel sein. Die Glaubensinhalte schließen sich (wechselseitig) aus. Es gibt somit Aspekte des Glaubens, die sich nicht relativieren lassen. Auch inklusivistische und pluralistische Sichtweisen werden an bestimmten Punkten des Glaubens nicht zu relativieren sein.

In ihrer reinen Form sind die genannten Positionen demnach kaum denkbar. Sie werden eher Tendenzen und Ausrichtungen einer Glaubenslehre markieren. Als Fluchtlinie stellt die exklusivistische Sicht alle anderen Ausdrucksweisen von Religiosität grundsätzlich infrage, die inklusivistische Position nimmt zumindest die anderen Religionen als Gegenüber wahr, stellt sie aber in den Horizont ihrer eigenen Traditionsbildung. Die pluralistische Glaubensweise dagegen wird mit einer Hermeneutik der Offenheit andere Religionen als Gesprächspartner beachten, ohne eigene Geltungsansprüche grundsätzlich fallen zu lassen.

Aber was ist mit diesen Ansprüchen verbunden? Auf welcher Ebene lassen sie sich geltungs*theoretisch* verorten? Im Anschluss an Arbeiten von Jürgen Habermas lässt sich eine Differenzierung an Geltungsansprüchen vornehmen, um theoretische, praktische und ästhetische Dimensionen zu trennen (vgl. Habermas 1981, S. 35, 128):

1. Wir konstatieren etwas über die Welt und erheben einen Geltungsanspruch auf Wahrheit.

2. Wir regulieren Interaktion und erheben einen Geltungsanspruch auf Richtigkeit.
3. Wir äußern uns über uns selbst und erheben einen Geltungsanspruch auf Wahrhaftigkeit.

Nur die erste Ebene ist demnach auf Wahrheit bezogen,[2] die zweite auf Richtigkeit und die ästhetische auf Wahrhaftigkeit oder Authentizität. Folgt man der Aufteilung, ließen sich die religionstheologischen Geltungsansprüche *schwerpunktmäßig* auf der dritten Ebene der Wahrhaftigkeit ansiedeln, die allerdings Ansprüche auf Wahrheit und Richtigkeit indirekt und implizit miteinbeziehen. Würden solche Differenzen Beachtung finden, könnte die interreligiöse Begegnung deutlich von moral- oder wahrheitstheoretischen Ansprüchen entlastet werden.

Aber lässt sich eine solche Differenzierung fundamentaltheologisch und dogmatisch durchführen? Der Glaube an den dreieinigen Gott, der schöpferisch, versöhnend und vollendend wirkt, wie die christliche Dogmatik ihn darstellt, wird sich sicherlich nicht nur im dritten Geltungsbereich verorten lassen. Zumindest wenn der Glaube an Gott nicht nur subjektivitätstheoretisch, sondern auch kosmologisch verstanden wird, lässt sich eine eindeutige Begrenzung im Bereich der Wahrhaftigkeit nicht durchführen. Deshalb ist es entscheidend, dass die drei Geltungsbereiche sich

---

2 Problematisch an dieser Einteilung ist, dass sie nicht hinreichend die vielfältigen Wahrheitsauffassungen deutlich macht. Petra Kolmer (2005) argumentiert zu Recht, dass ein atemporaler Begriff von Wahrheit zu hinterfragen ist. Vielmehr müssen der historischen Dimension der Wahrheitserfassung und den Kontingenzerfahrungen in der Wahrheitstheorie Rechnung getragen werden. Es wird also nicht die einzig richtige Wahrheitsaussage geben, aber Aussagen der ersten Ebene sind auf Wahrheit ausgerichtet, um sie von anderen überprüfen zu lassen.

nicht ausschließen, sondern wechselseitig voraussetzen. Es geht um die Schwerpunktsetzung in der Geltung. Wenn zum Beispiel der Glaube an Gott als authentischer, wahrhaftiger Ausdruck einer Person dargestellt wird, ist gewonnen, dass das Individuum eine Symbolisierung der eigenen Lebenswirklichkeit vornimmt. Diese lässt sich auch nicht moralisch oder theoretisch infrage stellen. Es ist zwar möglich, die Deutung der Erfahrung zu hinterfragen, aber ihren Geltungsanspruch wird man auf dieser Ebene nicht hinterfragen müssen oder können.

Die erwünschte Differenzierung lässt sich noch klarer im Folgenden durch die Erörterung der verschiedenen Praktiken verdeutlichen, in denen diese unterschiedlichen Geltungsansprüche zum Tragen kommen.

5 Die Praxis interreligiöser Begegnung differenzieren

Im Folgenden werden analog zu der unter dem vorherigen Punkt ausgeführten Dreiteilung der Geltungsansprüche verschiedene Praxisbereiche diskutiert. Der Vorschlag ist der, dass sich drei Praxissphären differenzieren lassen: ein religionstheoretischer beziehungsweise theologischer Diskurs, ein ethisch-pragmatischer Gesprächsraum und eine ästhetisch-religiöse Begegnungsform. Alle drei lassen sich, das ist analog zu der vorherigen Dreiteilung zu betonen, nicht präzise voneinander trennen, alle drei sind interdependent. Das Bedingungsverhältnis mag zwar indirekter Art sein, aber es werden Verbindungslinien zu zeichnen sein.

Wichtig ist es, dass alle drei Praxisbereiche eine friedensethische Relevanz haben. Dabei wird diese Relevanz nicht daran festzumachen sein, ob sie direkte ethische Konsequenzen besitzen. Vielmehr liegt die Bedeutung in der impliziten Zuarbeit solcher Ausgänge.[3]

Zunächst zum *religionstheoretischen und theologischen Diskurs*:[4] Hier gilt es, sowohl Vergleiche zwischen den Religionen als auch gemeinsame Arbeit an Fragestellungen zu bewerkstelligen. Ein Beispiel für eine deskriptive, vergleichende Arbeit ist das Handbuch zur Ethik der Weltreligionen, herausgegeben von Michael Klöcker und Udo Tworuschka im Jahr 2005. In diesem Band werden materialethische Themen aus den Perspektiven des Buddhismus, Hinduismus, Islam, Judentum, Katholizismus und Protestantismus aufgenommen und nebeneinandergestellt. Querverbindungen werden nicht hergestellt, es geht um Beschreibungen, die über die Zugänge in den Religionen beziehungsweise Konfessionen informieren sollen. Beim Thema Krieg und Frieden werden somit in deskriptiver Form die Überzeugungen der beteiligten Religionen deutlich (Usarski et al. 2005, S. 167ff.). Alleine durch diesen Vergleich lassen sich die Geltungsansprüche zwar nicht relativieren, die Gegenüberstellung aber bietet die Grundlage für weitere gemeinsame Arbeit an dem Themenbereich, der Vergleichspunkte in der Entstehung und Systematik der Geltungsansprüche ver-

---

3   Angelehnt ist die folgende Dreiteilung an eine Differenzierung Friedrich Schleiermachers, der zwischen dem reinen, geschäftsmäßigen und künstlerischen Denken unterscheidet. In verschiedenen Kontexten werden unterschiedliche Geltungsansprüche gestellt (Schleiermacher 2002, S. 372): Im reinen Denken und Reden wird allgemein nachvollziehbares Wissen generiert, im geschäftlichen Denken steht dagegen die Zweckrationalisierung und im künstlerischen Denken die Kreativität, Individualität und Zwecklosigkeit im Mittelpunkt.

4   Der „religionstheoretische und theologische Diskurs" muss alle beteiligten religionsbezogenen Disziplinen berücksichtigen: Religionswissenschaften, Theologien sowie religionssoziologische, -historische und -psychologische Ansätze.

deutlichen könnte.[5] Darüber hinaus ist es zentral, dass Theologien und Religionswissenschaften gemeinsame Projekte der Forschung aufnehmen (z. B. in der Erörterung der Wahrheits- und Friedensthematiken), um somit die Tiefenschärfe ihrer eigenen Perspektiven auf die Thematiken gespiegelt zu bekommen und neue Fluchtlinien inter- und intrareligiöser Art auftun zu können.[6] Der ökumenische und interreligiöse Diskurs stellt schließlich eine eigene Art der gemeinsamen Arbeit an Fragestellungen dar, in der das Ziel nicht das wissenschaftliche Verständnis der anderen Position ist, sondern vielmehr der theologische Abgleich von Überzeugungen. Insofern hat dieser zuletzt genannte Diskurs am meisten Verbindungen zu der ethisch-pragmatischen und der spirituell-religiösen Dimension, denn hier bestehen konkrete Absichten und Interessenlagen – bis hin zu gemeinsamen Deklarationen.

Als nächstes ist der *ethisch-pragmatische Diskurs* zu bedenken (vgl. dazu den Beitrag Frühbauer in diesem Band): Auf dieser Ebene geht es um den friedlichen Umgang miteinander in der pluralverfassten Weltgesellschaft. Dieser bedarf der Umsetzung in lokaler, nationaler, regionaler und globaler Hinsicht. Hans Küng (2008) macht deutlich, dass es gemeinsame Grundlagen der Weltreligionen gibt, die sich auf verschiedene Formen der goldenen

---

5   Die soziologischen Fragen sind im religionstheoretischen Bereich längst nicht mit der notwendigen Konzentration verfolgt worden (vgl. Barth 2005). Das Verständnis der Rolle der Religionen im Rahmen der Genese der kulturellen Entwicklung bleibt ein Desiderat.

6   Auf zwei Beispiele ist hinzuweisen: Die „Gesellschaft für Interkulturelle Philosophie" stellt eine Plattform bereit, auf der verschiedene theologische, kulturelle und philosophische Perspektiven in der Arbeit an gemeinsamen Fragen zueinander finden können (Bickmann 2018). Auch der „Interkonfessionelle Theologische Arbeitskreis" stellt die gemeinsame Suche und nicht die Abfassung ökumenischer Absichtserklärungen in den Mittelpunkt (vgl. als Publikation dieses Kreises Hafner et al. 2016).

Regel beziehen lassen. Aber was bedeutet diese Gemeinsamkeit im Alltag? Wie lässt sie sich zum Beispiel in der Islam-Konferenz der deutschen Bundesregierung umsetzen? Wer bestimmt die Umsetzung: die religiösen Gruppierungen selbst, die Politik, das Recht oder die öffentliche Debatte? Es ist entscheidend, dass auf dieser Ebene – anders als auf der Ebene der theologisch-theoretischen Debatte – stärker die Machtdimensionen, die strategischen Interessen und die gewachsenen organisatorischen Strukturen ihren Niederschlag finden. Es mag nämlich sein, dass ethische Geltungsansprüche fremde Interessen und Machtansprüche verdecken. Die kluge Konfliktberatung wird deshalb gefragt sein. Weitere Überlegungen zu diesem ethisch-pragmatischen Bereich des interreligiösen Diskurses werden im folgenden sechsten Abschnitt zur Konflikthaftigkeit der Thematik angestellt.

Schließlich ist ein *ästhetisch-religiöser Bereich* von den vorherigen zu trennen. Dieser ist mit der obengenannten geltungstheoretischen Dimension der Wahrhaftigkeit zu verbinden. Hier ist der Bezug auf die gegenwärtige religiöse Verfasstheit des Individuums möglich – ohne wissenschaftliche Rechtfertigung oder strategische Absicht. Eine Idee der Besonderheit dieses Bereiches lässt sich bei Raimon Panikkar (2008 [1978], S. 188ff.) gewinnen, der Spielregeln der religiösen Begegnung in einer Ausführung aus dem Jahr 1978 vorstellt. Einführend merkt er an: *„Die religiöse Begegnung muß eine wahrhaft religiöse sein.* Alles andere bleibt unzureichend" (Panikkar 2008 [1978], S. 189, Hervorh. im Original). Deshalb muss die religiöse Begegnung frei von jeder besonderen und allgemeinen Apologetik sein. Weder die Verteidigung der eigenen Religion noch der Religiosität im Allgemeinen sollte demnach Sinn und Zweck der Begegnung sein, denn sie würde auf ein mangelndes Vertrauen in die Gesprächspartner hinweisen und letztlich einer offenen und freien Begegnung im Wege stehen. Darüber hinaus müsse die Herausforderung der eigenen Veränderung ernst genommen werden:

„Der religiöse Mensch betritt die Arena ohne Vorurteile und vorgefaßte Lösungen. Er ist sich voll im klaren darüber, daß er möglicherweise bestimmte Teile seines Glaubensbekenntnisses oder gar eine bestimmte Religion überhaupt aufgeben oder verlieren wird. Er vertraut auf die Wahrheit. Er geht unbewaffnet hinein, bereit, selber ein anderer zu werden. Vielleicht wird er sein Leben verlieren – vielleicht wird er auch neu geboren" (Panikkar 2008 [1978], S. 190).

Des Weiteren sind nach Panikkar die historische und philosophische Dimension der Begegnung nicht zu überschätzen. Sie spielen zwar eine Rolle, reichen aber alleine nicht aus. Es handelt sich auch nicht nur um ein theologisches oder kirchliches Symposium, vielmehr um eine religiöse Begegnung in Glaube, Hoffnung und Liebe. Panikkar macht schließlich deutlich, dass eine präzise und gleichwertige Vorbereitung von Bedeutung ebenso wie wechselseitiges Vertrauen unerlässlich ist.

Zusammenfassend lässt sich nach Panikkar konstatieren, dass die religiöse Begegnung ein heiliger Akt ist, den wir „ohne bestimmtes Ziel oder bestimmte Absicht vollziehen. In diesem schöpferischen Akt zeigt sich die je neue Lebendigkeit der Religion selbst" (Panikkar 2008 [1978], S. 202). An diese Überlegungen lassen sich viele Rückfragen richten: Ist eine Begegnung ohne apologetisches Interesse denkbar? Sind apologetische, also sich rechtfertigende, Interessen nicht vielmehr konstitutiv für die religiöse Überzeugung? Lässt sich die Wahrheit, die sich nach Panikkar in der Begegnung durchsetzen soll, von der Wahrheit des eigenen Glaubens abtrennen? Welche Wahrheit wird verfolgt, wenn sie von der eigenen Überzeugung separat ist? Diese Problemkonstellation wäre näher zu diskutieren. Als hilfreich ist aber die Herausforderung anzusehen, die mit dieser Ausführung verbunden ist. Denn Panikkar macht deutlich, dass es eine Dimension der Begegnung gibt, die nicht von Absichten und Zwecken jenseits der Begegnung *bestimmt* wird. Vom Richtungssinn lässt sich also diese Absichtslosigkeit im Gegensatz zu den anderen (theoretischen und ethischen) Dimensionen des Diskurses durchaus stark machen. Mit Absichtslosigkeit ist eine offene Intentionalität gemeint, um die eigenen Ziele in den Hintergrund stellen und sich auf die Dynamik der Begegnung einlassen zu können.

Insgesamt wird anhand dieser Dreiteilung deutlich, dass Begegnungen und Gespräche zu einer Veränderung beider Seiten im Dialog führen. Das intensive Zusammentreffen verschiedener weltanschaulicher Positionen verändert die Teilnehmenden (vgl. Sundermeier 1995). Wichtig ist deshalb die Erkenntnis, dass eine Begegnung mit anderen Sichtweisen eine Fremdheits- und Differenzerfahrung darstellt, die Elemente der fruchtbaren Ergänzung und des erlittenen Widerspruchs beinhalten kann. Die EKD-Friedendenkschrift formuliert dazu:

> „Ein Dialog zwischen den Religionen setzt bei seinen Partnern eine gefestigte Wertschätzung des Eigenen ebenso voraus wie die Fähigkeit, den Wahrheitsanspruch des anderen gerade dann zu ertragen und als Anfrage gelten zu lassen, wenn er den eigenen Überzeugungen widerspricht" (EKD 2007, Ziff. 47).

So bedarf es einer *Auseinandersetzung* in theoretischer, praktischer und ästhetischer Absicht. Dieser Auseinandersetzung ist Raum zu geben, so dass fremde und differente Positionen nicht vorschnell assimiliert oder übergangen werden. Dabei ist in einem letzten Schritt die Möglichkeit und Gestaltung von Konflikten anzusehen.

6   Religionskonflikte als Bestandteil eines gerechten Friedens

Religion lässt sich nicht unabhängig von der konflikthaften Suche nach kultureller Ordnung verstehen, die in den Institutionen menschlicher Gesellschaft ihren Ausdruck findet. Ordnungen bilden das Gegebene und Gewohnte *ebenso* ab wie die Möglichkeit der Infragestellung und der Kritik. Eine friedliche Ordnung der Religionen liegt nicht in der Konfliktüberwindung (vgl. Moxter 2000, S. 401). Vielmehr bleiben Konflikte das innovative Potenzial derjenigen Gesellschaften, die mit Vielfalt konstruktiv umgehen und diese in gestalteten Wandel überführen (vgl. Leggewie 2004, S. 324). Voraussetzung für eine solche transformative Wirkung der Konflikte ist es, dass Religionen nicht unverändert nebeneinander bestehen, sondern in einem anhaltenden Selbstherstellungsprozess Identität und Alterität neu bestimmen und konstituieren lernen. Dazu gehört die Offenheit für Kritik:

> „Toleranz im Sinne interreligiöser Offenheit auf der Grundlage der Anerkennung des anderen schließt einen kritischen Umgang mit problematischen Erscheinungsformen anderer Religionen – wie auch der eigenen Religion – keineswegs aus, sondern ein. Je mehr man eine solche Offenheit fordert, umso dringender wird auch die Notwendigkeit der Religionskritik" (Bernhardt 2013, S. 10).

Weil dabei das Problem eskalierender Religionskonflikte zentral ist, sind Prozesse der Konfliktgestaltung zu initiieren, in denen die interreligiöse Konfliktbearbeitung als fortwährender Bestandteil eines gesellschaftlichen Diskurses besteht. So wie es im Rahmen der Tarifparteien in der Wirtschaft, politischen Parteien in der Politik und juristischen sowie natürlichen Personen im Recht Ausgleichsmechanismen in Interessenkonflikten gibt, wäre zu überlegen, ob interreligiöser Konflikt sich nicht auch *auf Dauer* stellen ließe – jenseits der Aushandlungsprozesse des Staates und der anderen Systeme.

Wie könnte die Institutionalisierung einer religiösen Konfliktbearbeitung aussehen? Es müssten gemeinsame Institutionen gegründet werden, die Anerkennung genießen. Auf internationaler Ebene könnte dies beispielsweise durch eine Verfassung im Rahmen der UNESCO erfolgen. Entscheidend ist es, dass die Religionsgemeinschaften *selbst* die Konflikte bearbeiten, so wie es die Weltkonferenz der Religionen für den Frieden mit ihrem profilierten Anliegen der Friedensorientierung anstrebt:

> „Religions for Peace recognizes that religious communities should be the main agents of multi-religious cooperation. Thus, Religions for Peace engages religious communities through their own representatives – leaders, outstanding persons, grassroots congregations and other organizational manifestations – in the work of building Religions for Peace affiliated structures on every level, local to global" (Religions for Peace 2018; vgl. Raiser 2010, S. 294).

Über die Modalitäten einer auf Dauer gestellten religiösen Konfliktbearbeitung muss sicherlich noch weitaus kritischer und umsichtiger nachgedacht werden.[7] Dabei muss die Gefahr einer Idealisierung von Konflikten ebenso beachtet werden wie die Notwendigkeit der Stabilisierung von Ordnungen.

7 Ausblick

Die Auseinandersetzung mit den Geltungsansprüchen der Religionen ist eine vielschichtige und differenzierte Aufgabe. Das Anliegen

---

7 Gestaltungsbedingung einer institutionalisierten, friedlichen Konfliktbearbeitung ist es, dass Transparenz über den Konfliktgrund, die Konfliktparteien und die Zielsetzungen hergestellt wird.

in diesem Aufsatz war es, eine Spannung aufrechtzuerhalten und zu bearbeiten: Obwohl es entscheidend ist, dass Religionsgemeinschaften ihre Geltungsansprüche im Horizont der Vielfalt relativieren, bedeutet dies keine Infragestellung von starken emotiven, voluntativen oder kognitiven Evidenzerfahrungen.

Es wird zu Konflikten kommen – gerade weil und wenn knappe Ressourcen und gesellschaftliche Gemeingüter betroffen sind. Diese Konflikte gilt es auf Dauer zu stellen, ihnen nicht auszuweichen und sie nicht durch systemfremden Einfluss (z. B. Politik oder Wirtschaft) zu verschärfen. Die interreligiösen Konflikte müssen zuerst durch religiöse Akteure gelöst werden. Dabei ist Kreativität gefragt, um geeignete Institutionen zu schaffen, die auf lokaler, nationaler und globaler Ebene die Autonomie der religiösen Akteure und Fragestellungen schützen und gestalten.

Der Vorschlag zur Differenzierung von Geltungsansprüchen, der diesem Aufsatz zugrunde liegt, läuft auf eine kluge Vorbereitung von religiösen Begegnungen hinaus. Welches Ziel liegt (zumindest schwerpunktmäßig) vor: ein theoretisch-theologisches, ein pragmatisch-ethisches oder ein ästhetisch-religiöses? Wenn im Vorhinein solche Schwerpunkte gesetzt werden, können die jeweiligen Diskurse entlastet werden. Letztlich lassen somit religiöse Begegnungen ein differenziertes Wahrnehmen des Anderen zu, das auch die eigene religiöse Geschichte bereichert und verändert.

Literatur

Barth, Ulrich. 2005. Okzidentaler Rationalismus und fernöstliche Religion. Max Webers Soziologie des Brahmanismus und Hinduismus. In *Gott als Projekt der Vernunft*, hrsg. von Ulrich Barth, 395–440. Tübingen: Mohr Siebeck.

Bernhardt, Reinhold. 2008. „Synkretismus" als Deutekategorie multireligiöser Identitätsbildungen. In *Multiple religiöse Identität. Aus verschiedenen religiösen Traditionen schöpfen*, hrsg. von Reinhold Bernhardt und Perry Schmidt-Leukel, 267–290. Zürich: Theologischer Verlag.

Bernhardt, Reinhold. 2013. Interreligiöse Toleranz. epd-Dokumentation 12/2013, 1–15. Frankfurt a. M. www.academia.edu/3071016/Interreligiose_Toleranz. Zugegriffen: 13. März 2018.

Bernhardt, Reinhold. 2014. „Der kleine Unterschied". Zurück- und vorausblickende Überlegungen zur Begründung interreligiöser Toleranz. *Deutsches Pfarrerblatt* 114 (1): 33–37.

Bickmann, Claudia. 2018. Ziele der Gesellschaft für Interkulturelle Philosophie. http://www.int-gip.de/Ziele_der_Gesellschaft.pdf. Zugegriffen: 16. März 2018.

Danz, Christian. 2005. *Einführung in die Theologie der Religionen*. Wien: Lit-Verlag.

Deuser, Hermann. 2009. *Religionsphilosophie*. Berlin: De Gruyter.

Europarat. 2009. *Weißbuch zum Interkulturellen Dialog: „Gleichberechtigt in Würde zusammenleben"*, vorgelegt von den Außenministern des Europarats anlässlich der 118. Sitzung des Ministerkomitees. Straßburg, den 7. Mai 2008. Auswärtiges Amt für die deutsche Übersetzung.

Evangelische Kirche in Deutschland (EKD). 2006. *Klarheit und gute Nachbarschaft. Christen und Muslime in Deutschland. Eine Handreichung des Rates der EKD*. Hannover: Kirchenamt der EKD.

Evangelische Kirche in Deutschland (EKD). 2007. *Aus Gottes Frieden leben – für gerechten Frieden sorgen. Eine Denkschrift des Rates der Evangelischen Kirche in Deutschland*. Gütersloh: Gütersloher Verlagshaus.

Habermas, Jürgen. 1981. *Theorie des kommunikativen Handelns. Band 1: Handlungsrationalität und gesellschaftliche Rationalisierung*. Frankfurt a. M.: Suhrkamp.

Hafner, Johann, Julia Enxing und André Munzinger. 2016. *Gebetslogik. Reflexionen aus interkonfessioneller Perspektive* (Beihefte zur Ökumenischen Rundschau 103). Leipzig: EVA.

Klöcker, Michael und Udo Tworuschka. 2005. *Ethik der Weltreligionen*. Darmstadt: WBG.

Kolmer, Petra. 2005. *Wahrheit. Plädoyer für eine hermeneutische Wende in der Wahrheitstheorie*. Freiburg: Karl Alber.

Küng, Hans. 2008. Weltfrieden – Weltreligionen – Weltethos. In *Handbuch Dialog der Religionen. Christliche Quellen zur Religionstheologie und zum interreligiösen Dialog*, hrsg. von Ulrich Dehn, 330–346. Frankfurt a.M: Lembeck.

Leggewie, Claus. 2004. Zugehörigkeit und Mitgliedschaft. Die politische Kultur der Weltgesellschaft. In *Handbuch der Kulturwissenschaften. Bd. 1: Grundlagen und Schlüsselbegriffe*, hrsg. von Friedrich Jaeger und Burkhard Liebsch, 316–333. Stuttgart: J.B. Metzler.

Luther, Martin. 1927 [1525]. Fastenpostille. In *Weimarer Ausgabe*. Bd. 17 II, 12–17. Weimar: Hermann Böhlaus Nachfolger.

Luz, Ulrich. 2010. Religionen, konkurrierende Wahrheitsansprüche, Konflikte und ihre theologisch-reflexive Bearbeitung in der Spätantike. In *Religionen – Wahrheitsansprüche – Konflikte. Theologische Perspektiven*, hrsg. von Walter Dietrich und Wolfgang Lienemann, 93–116. Zürich: Theologischer Verlag.

Moxter, Michael. 2000. *Kultur als Lebenswelt*. Tübingen: Mohr Siebeck.

Munzinger, André. 2015. *Gemeinsame Welt denken. Bedingungen interkultureller Koexistenz bei Jürgen Habermas und Eilert Herms*. Tübingen: Mohr Siebeck.

Pangritz, Andreas. 2013. Luthers Stellung zu Judentum und Islam. In *Arbeitsbuch Religion und Geschichte. Das Christentum im interkulturellen Gedächtnis. Bd. 2*, hrsg. von Harry Noormann, 15–48. Stuttgart: Kohlhammer.

Panikkar, Raimon. 2008 [1978]. Die Spielregeln der religiösen Begegnung. In *Handbuch Dialog der Religionen. Christliche Quellen zur Religionstheologie und zum interreligiösen Dialog*, hrsg. von Ulrich Dehn unter Mitarbeit von Gwen Bryde, 188–202. Frankfurt a. M.: Lembeck.

Raiser, Konrad. 2010. *Religion – Macht – Politik. Auf der Suche nach einer zukunftsfähigen Weltordnung*. Frankfurt a. M.: Lembeck.

Religions for Peace. Vision of Peace. 2018. https://rfp.org/learn/approach/. Zugegriffen: 20. März 2018.

Riesebrodt, Martin. 2001. *Die Rückkehr der Religionen. Fundamentalismus und der „Kampf der Kulturen"*. 2. Aufl. München: C.H. Beck.

Schleiermacher, Friedrich. 1984 [1799]. Über die Religion. Reden an die Gebildeten unter ihren Verächtern. In *Friedrich Schleiermacher. Kritische Gesamtausgabe (KGA) I/2*, hrsg. von Günter Meckenstock. Berlin: De Gruyter.

Schleiermacher, Friedrich. 2002 [1814/1815]. Dialektik Bd. I. In *Friedrich Schleiermacher. Kritische Gesamtausgabe (KGA) II/10.1*, hrsg. von Andreas Arndt. Berlin: De Gruyter.

Sundermeier, Theo. 1995. Erwägung zu einer Hermeneutik interkulturellen Verstehens. In *Konvivenz und Differenz. Studien zu einer verstehenden Missionswissenschaft*, hrsg. von Volker Küster, 87–101. Erlangen: Verlag Ev.-Luth. Mission.

Troeltsch, Ernst. 2008 [1923]. Die Stellung des Christentums unter den Weltreligionen. In *Handbuch Dialog der Religionen. Christliche Quellen zur Religionstheologie und zum interreligiösen Dialog*, hrsg. von Ulrich Dehn, 28–43. Frankfurt a.M: Lembeck.

Usarski, Frank, Hiltrud Rüstau, Olaf Schumann, Heinz-Jürgen Loth, Egon Spiegel und Michael Haspel. 2005. Krieg und Frieden. In *Ethik der Weltreligionen*, hrsg. von Michael Klöcker und Udo Tworuschka, 177–192. Darmstadt: WBG.

Moralische Ressourcen in Zeiten globaler Herausforderungen
Das Projekt Weltethos und die Friedenskompetenz der Religionen[1]

Johannes J. Frühbauer

1   Einleitung

Die Grundidee ist schnell und schlicht benannt und wird seit rund
drei Jahrzehnten diskutiert: Angesichts der weltweiten politischen,
ökonomischen und ökologischen Herausforderungen der Gegenwart (vgl. Niederberger und Schink 2011) ist es erforderlich, diesen
auf der Grundlage gemeinsamer moralischer Überzeugungen und
normativer Orientierungen zu begegnen (vgl. Küng 1990; Kuschel
et al. 1999; Lütterfelds und Mohrs 1997). Dieses Anliegen an sich
dürfte zunächst unstrittig sein – umstritten sind allerdings die
Fragen, worin genau diese gemeinsamen moralischen Überzeugungen bestehen (können), wie sie sich herleiten und plausibilisieren oder gar im engeren Sinne begründen lassen, was aus den
festgestellten normativen Orientierungen für die politische Praxis
und die sie tragenden Institutionen einerseits und für das konkrete
individuelle und kollektive Leben der Menschen andererseits folgt

---

1   Hans Küng zum 90. Geburtstag.

© Springer Fachmedien Wiesbaden GmbH, ein Teil von Springer Nature 2019
S. Jäger und R. Anselm (Hrsg.), *Ethik in pluralen Gesellschaften*,
Gerechter Frieden, https://doi.org/10.1007/978-3-658-23791-2_6

und schließlich inwiefern sich mögliche Begrenztheiten solcher übergreifender Ansätze erkennen lassen.

Die politische Philosophie begegnet den globalen Herausforderungen neuerdings mit dem Paradigma der globalen Gerechtigkeit (vgl. Hahn 2009; Broszies und Hahn 2010; Kreide 2011). Ebenso – und verbunden mit der Frage globaler Gerechtigkeit – wird seit geraumer Zeit das moralische Postulat globaler Hilfspflichten erörtert (vgl. Bleisch und Schaber 2007; Mieth 2012; Kreide 2011, S. 242).[2] Beides hat fraglos seine Berechtigung, beides ist jedoch angesichts der Vielfalt globaler Herausforderungen zu eindimensional – nicht zuletzt aufgrund der Fokussierung auf das Weltarmutsproblem – und meines Erachtens weit davon entfernt, den tatsächlich vorhandenen Fundus moralischer Ressourcen aus kulturellen, religiösen und philosophischen Traditionen mit ihrer lebensweltlichen Verankerung einschließlich ihrer Motivationspotenziale zu markieren und auszuschöpfen. Denn es reicht eben nicht aus und ist letztlich weder hinreichend noch wirkungsvoll in *prima facie* überzeugenden theoretischen Konzeptionen darzulegen, was eine globale Gerechtigkeit fordert oder welche Hilfspflichten gut begründet erfüllt werden sollen, wenn dies rein akademisch und idealistisch formuliert wird, nicht selten institutionenethisch begrenzt ist und womöglich in keiner Verbindung steht mit den Lebenswirklichkeiten und moralischen Überzeugungen der Menschen auf diesem Globus. Infolgedessen stellt sich die Frage, auf welchem soliden und zugleich Grenzen und Räume übergreifenden moralischen Fundament lassen sich konkrete und nicht nur abstrakt-idealisierte Lösungen für die globalen Probleme unserer Zeit finden. Gibt es sie also, die hierzu erforderliche, weltweit geltende und daher praktikable „universale Moral"?

---

2   Valentin Beck bevorzugt demgegenüber den Begriff der globalen Verantwortung (2016, S. 34, 62ff.; vgl. Nida-Rümelin 2017, S. 58).

Der folgende zweite Abschnitt dieses Beitrags nimmt auswahlweise konkrete Ansätze zur Bestimmung einer gemeinsamen beziehungsweise Kulturen übergreifenden Moral, die in den letzten Jahrzehnten entworfen und in den Diskurs eingebracht worden sind, in den Blick und fragt nach deren Eigenschaften, Besonderheiten, Gemeinsamkeiten und Unterschieden. Die Idee eines Weltethos, die bereits sprachlich unverkennbar den Entwürfen für eine gemeinsame globale Moral zuzurechnen ist und die den Mittelpunkt dieser Überlegungen darstellt, wird im dritten Abschnitt ausführlich dargelegt und mit grundsätzlichen Überlegungen zu einem Dialog sowie einer Theologie der Religionen verbunden. Der vierte Abschnitt notiert mögliche Einwände und Kritikpunkte zur Idee eines Weltethos sowie zur Intention einer universalen Moral überhaupt. Der fünfte Abschnitt bietet auf der Grundlage der vorausgegangenen Überlegungen einen friedensethischen Ausblick in die Zukunft.

2   Ethische Entwürfe zu einem moralischen Grundkonsens

2.1   Der „Gedanke eines übergreifenden Konsenses" bei John Rawls

In Ergänzung zu seiner grundlegenden Konzeption einer *Theorie der Gerechtigkeit*, die 1971 erstmals in der amerikanischen Originalversion publiziert wurde, die bei Studierenden den Beinamen „Grünes Monster" trug (vgl. Frühbauer 2004, S. 15) und die ausging von der Grundannahme einer einheitlichen und geschlossenen Gesellschaft, die auf einen gemeinsam geteilten Gerechtigkeitssinn sowie auf eine von ihm so benannte Hintergrundgerechtigkeit als sozialnormative Basis zurückgreifen kann (vgl. Rawls 1975, S. 21,

24), hat John Rawls (1921-2002) im Kontext seiner Konzeption eines „Politischen Liberalismus" (vgl. Rawls 1994, 2003) unter anderem den Gedanken eines übergreifenden Konsenses („overlapping consensus") eingeführt. Dieser sollte in erster Linie dem „Faktum des Pluralismus" religiöser, weltanschaulicher und philosophischer Auffassungen und Überzeugungen Rechnung tragen, einem Pluralismus, der in der Entstehungsphase der späten 1950er- und 1960er-Jahren der Grundüberlegungen seiner Gerechtigkeitstheorie noch nicht im Blick war – und ohnehin noch nicht die spätere, von ihm dann in den 1980er-Jahren erkannte Bedeutung hatte.

Was kennzeichnet nun diesen „Gedanken eines übergreifenden Konsenses"? Unabhängig vom Anspruch auf eine universelle Wahrheit und im Verzicht auf Aussagen über Wesen und Identität von Personen, geht es Rawls darum, „dass in einem demokratischen Verfassungsstaat das öffentliche Verständnis von Gerechtigkeit so weit wie möglich von kontroversen philosophischen und religiösen Lehren unabhängig sein sollte" (Rawls 1994, S. 255). Im Sinne seiner Konzeption von „Gerechtigkeit als Fairness" ist Gerechtigkeit politisch und nicht metaphysisch zu konzipieren (vgl. Rawls 1994, S. 255ff.). Für Rawls ist der entscheidende Punkt, „dass aus praktisch-politischen Gründen keine allgemeine moralische Lehre eine öffentlich anerkannte Grundlage für eine Gerechtigkeitskonzeption in einem demokratischen Staat bereitstellen kann" (Rawls 1994, S. 257f.). Mit dem Faktum des vernünftigen Pluralismus geht die Grundüberzeugung einher, dass es keine umfassende moralische Auffassung bzw. „Lehre", wie Rawls sie nennt, gibt, die es ermöglicht, die Grundfragen der politischen Gerechtigkeit zu regeln und die die Zustimmung und Unterstützung *aller* Bürgerinnen und Bürger in einer weltanschaulichen pluralen Gesellschaft finden würde (vgl. Rawls 2003, S. 64).

> Eine „praktikable Konzeption politischer Gerechtigkeit [...] muss der Verschiedenheit der Weltanschauungen und der Vielfalt mit-

einander konkurrierender und inkommensurabler Konzeptionen des Guten gerecht werden, wie sie von den Mitgliedern bestehender demokratischer Gesellschaft vertreten werden" (Rawls 1994, S. 258).

Der von Rawls angestrebte übergreifende Konsens schließt alle „widerstreitenden philosophischen und religiösen Lehren" ein, „die mutmaßlich in einer mehr oder weniger gerechten konstitutionellen demokratischen Gesellschaft bestehen bleiben und Anhänger gewinnen werden" – und dies über Generationen hinweg (Rawls 1994, S. 258, 294).

Die von Rawls entworfene regulative Gerechtigkeitskonzeption, „die auf grundsätzliche Weise die Ideale und Werte eines demokratischen Staates formuliert und ordnet, und dadurch Ziele der Verfassung und deren Grenzen bestimmt," soll zur Gewährleistung gesellschaftlicher Stabilität auf die Unterstützung durch einen übergreifenden Konsens bauen können (Rawls 1994, S. 293f.). Durch den übergreifenden Konsens und die durch diesen ermöglichte öffentliche Anerkennung einer vernünftigen politischen Gerechtigkeitskonzeption wird trotz tiefgehender Divergenzen eine gemeinsame gesellschaftliche Basis ermöglicht. Der Grundgedanke eines übergreifenden Konsenses, der laut Rawls mehr ist als ein bloßer Modus Vivendi zur Integration unterschiedlicher religiöser, weltanschaulicher und philosophischer Auffassungen und letztlich der Menschen, die sie verkörpern, muss natürlich keineswegs auf die Rawls'sche Konzeption einer politischen Gerechtigkeit als Fairness beschränkt bleiben. In einer sehr plausiblen und instruktiven Weise hat Heiner Bielefeldt aufgezeigt, wie sich Menschenrechte als Inhalt eines „overlapping consensus" aufzeigen lassen. Er kennzeichnet den „overlapping consensus" als einen normativen und nicht bloß deskriptiven Begriff, denn es handele sich um einen gesollten und nicht bloß faktischen Konsens. Mit diesem werde zugleich eine Vielfalt weltanschaulicher Überzeugungen ermöglicht und zugleich würden (durch seinen normativen Inhalt) die Grenzen der Toleranz freigesetzt (vgl. Bielefeldt 1998, S. 146). Infolgedessen bedeute der durch die Idee des menschenrechtlichen Universalismus angestrebte Konsens

> „nicht lediglich die Schnittmenge der weltweit faktisch vorhandenen kulturellen Wertorientierungen [...], sondern beinhaltet die normative Zumutung der wechselseitigen Anerkennung von Menschen unterschiedlicher Orientierung und Lebensweise auf der Grundlage gleicher Freiheit und gleichberechtigter Partizipation. Der menschenrechtliche ‚overlapping consensus‘ ist folglich kein interkultureller Minimalkonsens, sondern impliziert umgekehrt einen kritischen Maßstab moderner Interkulturalität" (Bielefeldt 1998, S. 146).

Überdies betont Bielefeldt, dass die normative Prämisse des Menschenrechtsdenkens die Einsicht ist,

> „dass unter den Bedingungen der Moderne die Pluralität kultureller Lebensformen und religiöser und weltanschaulicher Orientierungen nur dann produktiv gestaltet werden kann, wenn Menschen einander in ihrer Differenz dadurch anerkennen, dass sie einander gleiche Freiheit und gleichberechtigte Mitwirkung zuerkennen" (Bielefeldt 1998, S. 146f).

Zu bedenken ist jedoch: Menschenrechte – und vergleichbare universalmoralische Konzeptionen – umfassen keineswegs alle Aspekte des guten Lebens, denn sie geben

> „keine Antwort auf die Frage nach dem Sinn menschlichen Lebens, Leidens und Sterbens. Sie enthalten keine umfassenden Weisungen für die rechte Lebensführung als Individuum und in der Gemeinschaft. Sie bieten keine Riten und Symbole, durch die Menschen (...) einander Achtung bezeugen und Verbundenheit oder auch Differenz zum Ausdruck bringen können" (Bielefeldt 1998, S. 147).

2.2 Moralischer Minimalismus bei Michael Walzer[3]

Der amerikanische Sozialphilosoph Michael Walzer hat mit seinem Werk „Just and Unjust Wars" in den 1970er-Jahren einen Klassiker zur Theorie des gerechten Krieges verfasst (vgl. Walzer 1977; Haspel 2017). Und obgleich das Themenfeld Krieg, Gewalt und Moral bei Walzer ein Lebensthema geblieben ist (vgl. Walzer 2003, 2007), so zeichnet er sich doch vor allem durch eine Vielzahl von Themen aus, die er zu seinen Gegenständen gemacht hat: Gerechtigkeit, Gesellschaftskritik, Toleranz, Zivilgesellschaft, Demokratie, Wohlfahrtstaat, Politik und Religion und nicht zuletzt seine Unterscheidung zwischen einem moralischen Minimalismus und Maximalismus (vgl. Walzer 1996, S. 13ff.). Seine Konzeption eines Pfades der Interpretation (vgl. Walzer 1996) und sein Klärungsversuch zum Begriff einer Minimalmoral sind aus dem internationalen moralphilosophischen Diskurs des späten 20. und des 21. Jahrhunderts nicht mehr wegzudenken. Mit Blick auf die Frage nach einer Universalmoral nimmt Walzer die Unterscheidung zwischen einem moralischen Minimalismus und einem moralischen Maximalismus vor. Die Kennzeichnungen „dünn" und „dicht" sollen diese Unterscheidung anschaulich zur Sprache bringen. Im Kern ist Walzer davon überzeugt, dass ein Individuum und eine Gemeinschaft aus einem moralischen Maximalismus heraus leben, also aus der erfahrungs- und geschichtsgesättigten Dichte normativer Orientierungen. Darüber hinaus ist es möglich und zuweilen auch erforderlich, sich für eine kulturen- und traditionenübergreifende Minimalmoral einzusetzen. Die Pointe

---

3   Siehe hierzu den instruktiven Beitrag von Thorsten Bonacker (2018, S. 101ff.) zu „Gerechter Frieden als moralischer Maximalismus" in der Reihe „Gerechter Frieden".

bei Walzer ist nun, dass diese dünne und abstrakte Minimalmoral eingebettet bleibt in eine dichte Maximalmoral. Punktuell werden wir also zu Universalisten, wenn es die Situation erfordert, um moralische Solidarität zu praktizieren oder moralische Kritik auf der Grundlage gemeinsamer Werte oder eines gemeinsamen Maßstabes zu üben, aber in unserem Alltag, in unserem konkreten Leben, sind und bleiben wir geprägt und orientiert durch die Besonderheit der eigenen Geschichte, Kultur und Sprache und somit durch eine dichte, eben partikulare Moral. Für Walzer geht die dichte Moral auch nicht einfach aus der dünnen Moral hervor, es besteht also weder ein genealogischer noch ein konstruktiver Zusammenhang zwischen dünner und dichter Moral. Walzer betont, dass jede Moral von Anfang als dicht zu sehen ist. Umgekehrt ist jedoch das Vorhandensein einer dichten Moral Voraussetzung dafür, dass eine dünne beziehungsweise minimale Moral aufgerufen und ins Bewusstsein gerückt werden kann (vgl. Walzer 1996, S. 13ff.).

2.3   Weltmoral und Weltrechtserbe bei Otfried Höffe

Immer wieder setzt sich auch Otfried Höffe mit der Frage nach einer universalen Normativität auseinander (vgl. Höffe 1993, 1999), nicht selten mit einer im weitesten Sinne rechtsethischen Perspektive. Insofern legt er ein der Menschheit gemeinsames Weltmoral- und Weltrechtserbe frei, das für ihn Kulturen übergreifend Geltung beanspruchen kann. Für seine Fokussierung auf Konflikte, die stets gewaltfrei ausgetragen werden sollen und weder Minderheiten diskriminieren noch Schwächere benachteiligen, trägt er diverse Bausteine zusammen. Zu diesen zählt die Goldene Regel als Grundsatz der Gegenseitigkeit. In diesem Grundsatz zeichnet sich aufgrund seines vielfachen historischen und kulturellen Nachweises eine „interkulturelle, sogar globale Wertegemeinschaft" ab (Höffe 2015, S. 6). Bereits in vordemokratischen Gesellschaften wird der Wert der Wechselseitigkeit und der Gegenseitigkeit geachtet und in verschiedenen Kulturen eine basale Gleichheit zwischen Mitgliedern einer Gemeinschaft respektiert. In Mitleid, Hilfsbereitschaft, Wohlwollen sowie Nächstenliebe bildet sich für Höffe ein weiterer Wertekomplex ab. Ein dritter Baustein, als Grundforderung an ein humanes Zusammenleben, findet sich in der Gerechtigkeit. Dabei bedeutet Gerechtigkeit für Höffe in globaler und interkultureller Perspektive nicht die Konturierung einer westlich geprägten sozialen Gerechtigkeit, sondern er sieht zunächst die Betonung einer verstärkten „Rechtheit" und damit verbunden die personale Gerechtigkeit. Um eine persönliche Rechtschaffenheit und eine funktionierende Justiz zu ermöglichen, müssen nun beide Grundformen der Gerechtigkeit zusammenkommen. Aus Höffes Sicht lässt sich die gesamte Menschheit als Gerechtigkeitsgemeinschaft ansprechen, in deren Zentrum er Gleichheit und Unparteilichkeit vorfindet. In einer globalen Perspektive rechtfertigt sich für Höffe eine universale Rechts- und Friedensordnung aus den für die Einzelstaaten bekannten Grundsätzen, die aus dem Kern der Gerechtigkeit, also der Gleichheit, folgen:

> „Ihretwegen beginnt die politische Gerechtigkeit mit der Herrschaft von Regeln, dem *Recht*. Da Regeln sich nicht selbst zur Wirklichkeit bringen, braucht es zweitens öffentliche Gewalten. Diese führt das dritte Prinzip politischer Gerechtigkeit, die *Demokratie*, auf die Betroffenen, das Volk zurück. Und das vierte Prinzip erklärt die *Menschenrechte* zu einem Maßstab der öffentlichen Gewalten, dem selbst der demokratische Souverän sich zu beugen hat" (Höffe 2015, S. 6; Hervorh. d. Verf.).

In dreifacher Hinsicht, nämlich als „globale Gewaltgemeinschaft", als „globale Kooperationsgemeinschaft" und als „globale Schick-

salsgemeinschaft" – unter anderem auch unter der Maßgabe einer
internationalen Friedensgemeinschaft sowie im Sinne der von Höffe
immer wieder postulierten politischen Gerechtigkeit –, braucht die
Menschheit beziehungsweise die Welt „ein gewisses Maß an globaler
Rechtsstaatlichkeit und an globaler Demokratie" (Höffe 2015, S. 6),
nichts anderes also als eine demokratische Weltrechtsordnung oder
die von Höffe seit langem in den Diskurs und in Abgrenzung zu
einem Weltstaat eingebrachte Weltrepublik, als komplementäres,
subsidiäres und föderales institutionelles Gebilde. Und schließlich:
Auf der Ebene der Individuen plädiert Höffe angesichts der Vielfalt
in unseren pluralistischen Gesellschaften für eine kosmopolitische
Freundschaft, für eine Bürger- und Weltbürgerfreundschaft: „Jenseits von Pluralismus und Konkurrenz braucht es einen Willen zur
Eintracht, ein Band der Verbundenheit und die Bereitschaft sich
für beide notfalls unter Opfern einzusetzen" (Höffe 2015, S. 6).
Bürger- und Weltbürgerfreundschaft wird für Höffe dort gelebt, wo
dieses Band der Eintracht und der Wille zur Verbundenheit, trotz
Pluralismus und Konkurrenz vorherrschen (vgl. Höffe 2015, S. 6).

3   Zur Idee des Weltethos

3.1   Ein interreligiöser Grundkonsens

Empirischer Ausgangspunkt für das interreligiöse Friedensprojekt
ist zunächst der im 20. Jahrhundert verstärkt wahrgenommene
und wissenschaftlich konstatierte Pluralismus der Religionen.
Daran schließt sich die immer wieder artikulierte Anerkennung
ihrer weltweit bleibenden Relevanz hinsichtlich Gesellschaft und
Politik sowie der Verweis auf die spirituell-moralische Prägekraft
für das Leben und Handeln von mehreren Milliarden Menschen
an. Hinzu kommt ihre oftmals analysierte und nicht selten beklagte

gewaltwirksame Ambivalenz, die letztlich auch die gerade darauf bezogene friedensethische Reflexion evoziert. Nicht zuletzt hängt die Glaubwürdigkeit von Religionen, also das, was Religionen den Menschen genuin und authentisch bieten können, an deren Versöhnungsbereitschaft und Friedensfähigkeit:

> „Die Glaubwürdigkeit aller Religionen, auch der kleineren, wird künftig davon abhängen, dass sie mehr betonen, was sie eint und weniger, was sie voneinander trennt. Denn die Menschheit kann es sich immer weniger leisten, dass die Religionen auf dieser Erde Kriege schüren, statt Frieden zu stiften; dass sie Fanatisierung betreiben, statt Versöhnung zu suchen, dass sie Überlegenheit praktizieren, statt den Dialog zu üben" (Küng 1990, S. 14f.).

Ein Meilenstein hierzu, gewissermaßen als Vorläufer und Inspiration des Weltethosprojektes, wurde 1970 in Kyoto bei der Weltkonferenz der Religionen für den Frieden gesetzt. Als bestehende Gemeinsamkeiten zwischen den Religionen wurden konstatiert:

> „eine Überzeugung von der fundamentalen Einheit der menschlichen Familie, von der Gleichheit und Würde aller Menschen; ein Gefühl für die Unantastbarkeit des Einzelnen und seines Gewissens; ein Gefühl für den Wert der menschlichen Gemeinschaft; eine Erkenntnis, dass Macht nicht gleich Recht ist, dass menschliche Macht nicht sich selbst genügen kann und nicht absolut ist; der Glaube, dass Liebe, Mitleid, Selbstlosigkeit und die Kraft des Geistes und der inneren Wahrhaftigkeit letztlich größere Macht haben, als Feindschaft und Eigeninteressen; ein Gefühl der Verpflichtung, an der Seite der Armen und Bedrückten zu stehen gegen die Reichen und die Bedrücker; tiefe Hoffnung, dass letztlich der gute Wille siegen wird" (Küng 1990, S. 89f.; vgl. dazu auch Lücker 1971, S. 110).

Ein weiterer Impuls für das interreligiöse Friedensprojekt eines Weltethos erwächst aus der Überzeugung, dass Religionen ganz allgemein und grundsätzlich eine globale Verantwortung zukommt.

Oder anders gesagt: Die Verantwortlichen in den Religionen sind
dazu aufgefordert, in globalen Zusammenhängen zu denken und
zu handeln! Daher formuliert der Theologe Hans Küng (1990,
S. 53) als Grundfrage: Unter welchen Voraussetzungen können die
Menschen auf einer bewohnbaren Erde überleben und das soziale
Zusammenleben menschlich gestalten? Die ethische Grundlage für
sein planetarisches Verantwortungspostulat findet sich in einem
gemeinsam geteilten Ethos, auch im Sinne eines moralischen
Orientierungswissens, ein Ethos, das Küng aufgrund seiner globalen Sollensreichweite beziehungsweise aufgrund des weltweiten
Geltungsanspruchs als „Weltethos" bezeichnet. Die Formulierung,
oder mehr noch, das Postulieren einer Weltmoral, hat seinen real-
faktischen Bezugspunkt in den globalen Herausforderungen, mit
denen sich die Menschheit nun inzwischen seit mehreren Jahrzehnten konfrontiert sieht. Das ethische Setting der Weltagenda
erklärt sich infolgedessen durch „eine Reihe von hochgradig inter-
dependenten sozialen, demographischen, ökonomischen und vor
allem auch ökologischen (insgesamt also politischen) Problemen,
die globaler Natur sind und von Einzelstaaten nicht mehr bewältigt
werden können" (Mohrs 1997, S. 1). Zur Lösung der offenkundigen
internationalen Probleme und Gefahren bedarf es nicht nur der
Entwicklung effizienter globaler Strategien und Maßnahmen, sondern auch der Suche, Entwicklung beziehungsweise Vergewisserung
einer Welt-Moral, „deren grundlegende(n) Werte und Normen für
alle Menschen in allen Kulturkreisen der Erde in gleicher Weise
anerkennbar und handlungsleitend sein könnten oder müssten"
(Mohrs 1997, S. 1). Somit steht spätestens seit den 1990er-Jahren,
vor dem Hintergrund des sich facettenreich ausgestaltenden Glo-
balisierungsdiskurses sowie der weltpolitischen Umbruchsituation,
die Forderung nach einem universalen Ethos im Raum.

Im Bewusstsein der Weltverantwortung angesichts der globalen
Herausforderungen formulierte das Parlament der Weltreligionen

1993 in Chicago bei der Verabschiedung des gemeinsamen Basis-
dokumentes „Erklärung zum Weltethos":

> „Wir alle haben eine Verantwortung für eine bessere Weltordnung.
> Unser Einsatz für die Menschenrechte, für Freiheit, Gerechtigkeit,
> Frieden und die Bewahrung der Erde ist unbedingt geboten. Unsere
> sehr verschiedenen religiösen und kulturellen Traditionen dürfen
> uns nicht hindern, uns gemeinsam aktiv einzusetzen gegen alle
> Formen der Unmenschlichkeit und für mehr Menschlichkeit"
> (Erklärung zum Weltethos 1993, Ziff. I, vgl. Küng 2012).

An unzähligen Stellen in seinen Schriften definiert oder umschreibt
Küng sein Verständnis von Weltethos. Im Kern geht es um einen
interreligiösen beziehungsweise transkulturellen Grundkonsens
von Werten, Normen, Prinzipien und Regeln, auf die das Zusam-
menleben der Menschen in der Weltgesellschaft, aber auch in den
pluralitätsgeprägten Einzelgesellschaften angewiesen ist. Dieser
Grundwertekonsens stiftet eine interreligiöse und interkulturelle
Verbindung. Einen zentralen normativen Ankerpunkt findet
er in der Goldenen Regel, wie dies Höffe ähnlich betont. Seine
Einzelnormen lassen sich charakterisieren als „Imperative der
Menschlichkeit": Achtung vor dem Leben, Gewaltlosigkeit bei der
Lösung von Konflikten, Gerechtigkeit in den Lebensverhältnissen,
Freiheit in sozialer Verantwortung, Solidarität zur wechselseiti-
gen Stärkung, Toleranz in der Verschiedenheit, Wahrhaftigkeit
im Reden und Tun sowie Gleichberechtigung der Geschlechter.
Ähnlich wie dies Bielefeldt für einen übergreifenden Konsens der
Menschenrechte hervorhebt, bleiben diese Imperative keineswegs
auf einer deskriptiven Ebene verhaftet, sondern lassen sich in
gleicher Weise als Deklaration des Gesollten verstehen.

Ohne sich auf die Diskurshöhe begründungstheoretischer
Ansätze der praktischen Philosophie begeben zu wollen, unternimmt Küng selbst den Versuch, das Weltethos aus verschiedenen

Richtungen her zu begründen beziehungsweise zu plausibilisieren (Küng 2012, S. 43ff.). Dabei unterscheidet er sieben Begründungen: eine pragmatische, philosophische, kulturanthropologische, politische, juristische, physiologisch-psychologische und religionswissenschaftliche Begründung. Eine nachvollziehbare Affinität zur spezifischen Charakteristik des Weltethosprojektes kommt in diesen Begründungsskizzen insbesondere der pragmatischen Begründung zu: So sei das Zusammenleben von Menschen seit jeher und auch weiterhin auf (Spiel-)Regeln angewiesen, und dies gilt mehr und mehr in globalen Bezügen. Gegen die Abstraktheit und Uneinigkeit philosophischer Positionen gewandt, lege es sich, so Küng, aus pragmatischer Sicht nahe, zum einen den empirischen Befund aus der Religionsgeschichte anzuerkennen und zum andern philosophisch zu prüfen, ob und aus welchen Gründen den im Konzept des Weltethos propagierten ethischen Orientierungen nicht zugestimmt werden könne (vgl. Küng 2012, S. 55). Zudem lasse sich pragmatisch mit der faktischen Anerkennung gemeinsamer Werte und Normen durch unzählige Menschen argumentieren (vgl. Schönherr-Mann 2010, S. 39).

Zu einem eingängigen Verständnis trägt auch der Begriff der Nahbereichsethik bei, den Karl Ernst Nipkow geprägt hat: Das mit „Weltethos" Bezeichnete wurzelt im strukturgleichen Ethos einer überall evolutionär entwickelten Nahbereichsethik für überschaubare soziale Lebensformen. Weltethos

> „umschreibt Verpflichtungen, die für die menschliche Gattung überlebensnotwendig und daher sehr alt sind und zunächst nur die engen Beziehungen in der eigenen Sozietät betreffen. Sie sind global verbreitet, weil sie überall die gleiche Funktion haben. Hierbei rangieren Überleben und Wohl der Sozietät vor den Bedürfnissen des Einzelnen. Daher fehlt verständlicherweise auch der Wert der Freiheit, der ein spätes subjektbezogenes Moment in der Menschheitsgeschichte ist" (Nipkow 1998, S. 251).

Berührungspunkte der Weltethosidee zu den Konzepten der politischen Ethik oder der Sozialphilosophie ergeben sich, wie bereits zuvor skizziert, konkret zu John Rawls' Idee eines „overlapping consensus", der auf dem „Faktum des Pluralismus" gründet, zu Michael Walzers „moralischem Minimalismus" oder auch zu Otfried Höffes Begriff einer rechtsethisch geprägten „Weltmoral". Ebenso wie diese Ansätze erfindet oder konstruiert das Projekt Weltethos nichts Neues, sondern gründet sich auf bestehende partikularmoralische Überzeugungen und Einstellungen in Kulturen beziehungsweise Religionen, die sich zusammen mit anderen, sehr ähnlichen Überzeugungen als ein gemeinsam geteiltes Minimum im Ethos universalisieren beziehungsweise abstrahieren lassen und Menschen unterschiedlichster Herkunft und Verwurzelung ins Bewusstsein gerückt werden können. Insbesondere die von Michael Walzer geprägte moralphilosophische Unterscheidung von „thick and thin" – also einer dichten und dünnen Moral – sowie sein interpretativer Ansatz lassen sich hier als eine hermeneutische Hilfe und sachverwandte Konzeption eines moralischen Minimalismus einspielen (Walzer 1996, S. 13ff.).

Zu betonen ist, dass durch ein Weltethos das, was bei Rawls „umfassende Lehren", bei Walzer „dicht" oder etwa bei Charles Taylor „Grundüberzeugungen" genannt wird, nicht abgelöst oder aufgehoben wird. Weltethos stiftet keine moralische Identität. Das, was unsere moralische Identität ausmacht, gewinnen wir aus unserer „dichten" religiösen Verwurzelung oder weltanschaulichen Orientierung. Nach Charles Taylor und Jocelyn Maclure lassen sich unter „Grundüberzeugungen" jene „Gründe, Werturteile oder Motivationen" verstehen, die auf die Weltbilder und Konzeptionen des Guten zurückführbar sind, wie sie von Individuen vertreten werden und mit denen es diesen gelingt, „ihr Leben zu strukturieren, ihre Urteilskraft auszuüben und ihr Handeln zu orientieren" (MacLure und Taylor 2011, S. 21). Dies jedoch geht weit über Anspruch und Leistungsvermögen eines Weltethos hinaus. Allenfalls Elemente von diesen Grundüberzeugungen oder aus den partikulären Konzeptionen des Guten, gewissermaßen eine Art Kondensat, lassen sich in die Idee des Weltethos integrieren beziehungsweise zu einem gemeinsamen Weltethos abstrahieren.

3.2 Pluralismus als strukturelle Voraussetzung eines Weltethos und als Herausforderung für eine Theologie der Religionen

Ein struktureller Ausgangspunkt für die Idee und Konzeption eines Weltethos ist der religiöse und weltanschauliche Pluralismus. Entgegen wiederkehrender Missinterpretationen, Fehldeutungen oder auch Unterstellungen geht es im „Projekt Weltethos" nicht um eine Vereinheitlichung, eine neue Welt-Religion oder gar um einen „Religionen-Cocktail", sondern dessen Ansatzpunkt ist die vorhandene und bleibende Vielfalt und Verschiedenheit der Religionen. Das Projekt Weltethos geht vom Weiterbestehen der tradierten Religionen und deren jeweils dichtem partikulären Ethos aus – einschließlich dessen spezifischer kontextueller, zumeist religiös-soteriologischer oder theonomer Begründung. Ebenso haben die Verschiedenheiten in den dogmatischen Auffassungen oder spezifischen Wahrheitsansprüchen weiterhin Bestand. Diese lassen sich auf der Grundlage einer respektvollen Toleranz im interreligiösen Dialog, das heißt in wechselseitig orientierten Austausch- und Verstehensprozessen, allenfalls einem Wissen voneinander oder gegebenenfalls einem Verständnis zuführen, nicht jedoch in einem die Religionen übergreifenden theologischen Konsens vereinen. Jedes Bewusstsein in den einzelnen Religionen für Gemeinsamkeiten mit anderen Religionsgemeinschaften im Bereich des Ethischen verhilft allerdings dazu, Spannungen, die sich aufgrund von Differenzen im Dogma oder in den partikulären Wahrheitsansprüchen sowie durch eine öffentliche Praxis von differenten besonderen Bräuchen, Gewohnheiten und Ritualen ergeben, abzumildern oder zu vermeiden, ohne die Verschiedenheit an sich aufzuheben. Den Vorwürfen und Einwänden, dass Religionen aufgrund ihrer Wahrheits- und Unbedingtheitsansprüche latent gewaltförmig miteinander umgehen und sich gegenseitig ihren Wert und ihre Würde absprechen würden, ist entgegenzuwirken durch eine Verhältnisbestimmung zwischen den Religionen, die ein gegenseitiges Verstehen und gegenseitige Wertschätzung ermöglicht. Diese Verstehens-, Verständigungs- und Wertschätzungsprozesse stehen deshalb unter den „aufgeklärten" Anhängern der Religionen allerorten auf der Tagesordnung: „Denn anders scheint weder das Zusammenleben in einer pluralistischen Gesellschaft noch das Überleben der Menschheit als ganzer möglich zu sein" (von Stosch 2012, S. 11).

So plausibel und evident in ihrer Notwendigkeit diese Verstehens- und Wertschätzungsprozesse auch sind, so bleibt nichtsdestoweniger die Frage drängend, „wie man sich angesichts der ungeheuren Vielfalt und Mannigfaltigkeit religiöser Lebensformen und weltanschaulicher Positionen verhalten soll und wie man diese Vielfalt einzuordnen und zu bewerten hat" (Stosch 2012, S. 13). In der Konzipierung einer Theologie der Religionen, in deren Kontext letztlich auch das „Projekt Weltethos" in den 1980er-Jahren entstanden ist und modellhaften Charakter besitzt, gilt es die letztlich unüberwindbare und daher bleibende Vielfalt der Religionen – im Unterschied zur neutralen weltethischen Außenperspektive – aus der Sicht der eigenen Religion zu bewerten. Es geht konkret darum, „zu überlegen, wie die anderen Religionen aus der Sicht der eigenen Religion adäquat wahrgenommen und eingeordnet werden können" (von Stosch 2012, S. 17). Zugleich untersucht eine Theologie der Religionen, „welche Rückwirkungen die Deutung

der anderen Religionen auf das eigene Selbstverständnis hat" (von
Stosch 2012, S. 17).

Dabei stellt sich für jede „konfessorische Theologie der Religionen" die Grundfrage, „wie sie der Vielfalt der Religionen eine
positive oder zumindest nicht negative Bedeutung zumessen
kann, ohne dabei den Wahrheitsanspruch der eigenen Tradition
aufzugeben" (von Stosch 2012, S. 11). In dem „doppelten Anspruch,
einerseits andere religiöse Traditionen und deren Anhänger in
ihrer Andersheit wertschätzen und andererseits am eigenen Anspruch auf Wahrheit und Verbindlichkeit festhalten zu wollen,"
liegt die Grundforderung jeder Theologie der Religionen (von
Stosch 2012, S. 11).

Klaus von Stoschs Zielsetzung läuft darauf hinaus, sich theologisch mit der Welt der Religionen zu befassen, um zu zeigen, „wie
man aus christlicher Sicht heraus religiöse Überzeugungen und
Letztorientierungen von Personen außerhalb des Christentums
würdigen und wertschätzen kann, ohne dabei die Grundpositionen
der eigenen Religion zurückzunehmen" (von Stosch 2012, S. 12).
Theologisch-ethisch findet man sich in einem Spagat wieder: zum
einen gilt es Andersheit wertzuschätzen aufgrund christlicher
Nächstenliebe und des Heilsuniversalismus sowie die daraus folgende Zuwendung zu allen Menschen zu praktizieren, zum anderen
sich der Aufgabe zu stellen, trotz der Würdigung der anderen, den
eigenen Geltungsanspruch nicht aufzugeben:

> „Denn schon der Wunsch nach universaler Anerkennung aller
> Menschen in ihrer jeweiligen Besonderheit verliert aus christlicher
> Sicht seine entscheidende Grundlage, wenn er nicht mehr durch die
> in Jesus Christus geoffenbarte unbedingte Menschenfreundlichkeit
> Gottes begründet wird" (von Stosch 2012, S. 17).

So stößt man im Zentrum einer Theologie der Religionen auf das
dogmatische Problem, wie christlicherseits ein Weg zu Wahr-

heit und Heil für Menschen anderer Religionen gedacht werden
kann und wie dabei eine positive Würdigung anderer Religionen
gelingen kann, ohne eigene Wahrheits- und Geltungsansprüche
zu relativieren. Die dogmatische Beurteilung anderer Religionen
hat Folgen dafür, „mit welcher Haltung man Menschen anderer
Religionen begegnet und ob man von dem Gespräch mit ihnen
bedeutsame Einsichten für das eigene Verständnis der Wirklichkeit
erwartet"; verallgemeinert stellt sich die praktische Frage nach
der Grunddisposition anderen Religionen gegenüber (von Stosch
2012, S. 18). Eine nicht zu ignorierende Problematik, die weder
durch eine Theologie der Religionen überdeckt noch verharmlost
werden darf, findet sich in der Feststellung, dass Religionen in
der Regel aufgrund ihrer wechselseitig und gegeneinander erho-
benen Wahrheits- und Geltungsansprüche unvermeidlich in ein
gespanntes, konfliktträchtiges Verhältnis geraten (können) (vgl.
von Stosch 2012, S. 18).

4   Kritik und Skepsis gegenüber universalmoralischen Ansätzen

Gegenüber Idee beziehungsweise Projekt eines Weltethos wurden von Beginn an Einwände und Kritikpunkte formuliert (vgl.
Frühbauer 2017, S. 919f.): So ruft der Anspruch, in einer Kulturen
übergreifenden Perspektive gemeinsame Werte und Normen
zu formulieren oder gar zu postulieren, Universalismuskritiker
beziehungsweise bestimmte Kommunitaristen auf den Plan, die
die Bedeutung und den Anspruch einer Partikularmoral für eine
Gemeinschaft als nicht aufhebbar oder ablösbar durch einen
übergreifenden Grundkonsens, eine Minimal- oder Weltmoral,
sehen. Der Lebensentwurf des einzelnen Menschen bleibe auf die
besondere moralische Identität und auf die damit verbundene

Zugehörigkeit zu einer diesbezüglich konstitutiven Gemeinschaft angewiesen. Grundkonsens, Minimal- oder Weltmoral können dem Menschen keine wirkliche oder wesentliche umfassende Lebensorientierung geben. Wie versucht wurde darzulegen, ist dies eben nicht der Anspruch gemeinsamer moralischer Orientierungen. Das muss offenbar immer wieder betont werden. Einen anderen Akzent setzt der Relativismusvorwurf: Bestehende Unterschiede oder Differenzen zwischen verschiedenen Kulturen und Religionen würden nivelliert oder ausgeblendet, eine nicht gegebene „Gleich-Gültigkeit" suggeriert – mit der Folge, dass auch Wahrheitsansprüche relativiert und damit abgeschwächt würden. Ein lebensorientierendes Ethos könne auf einen bindenden, das Individuum verpflichtenden Wahrheitsanspruch nicht verzichten. Auch hier gilt im Grundsatz die Erwiderung auf den ersten Einwand. Streitbar bleibt sicherlich der Einwand beziehungsweise die aufgeworfene Frage, ob nicht der Kanon der Menschenrechte das Anliegen einer Universalmoral bereits abbilde, und Menschenrechte in einer nicht substituierbaren Weise ihre kritische Position gegenüber Sondermoralen sowie ihr zivilisierendes Potenzial für Kulturen und Religionen in der erforderlichen Weise einbringen und geltend machen können. Die Ansätze von Bielefeldt und Höffe weisen deutlich in diese Richtung. Und schlussendlich wird immer wieder die Anfrage nach praktischer Umsetzung und Durchsetzung laut. Zum einen hängt es in der Tat von der individuellen Bereitschaft der Menschen ab, sich für gemeinsame Werte und Normen sowie überhaupt für ein grundlegendes Bewusstsein für diese Gemeinsamkeiten einzusetzen. Zum anderen stellt sich die Herausforderung, auf welche Weise die normativen Impulse aus einem Weltethos, aus einer Weltmoral oder einem moralischen Minimalismus institutionell fruchtbar gemacht werden können. Dies erscheint dann umso schwieriger, wenn man sich den oftmals tugendethischen Schwerpunkt etwa des Weltethos vergegenwärtigt.

Die institutionelle Herausforderung sowie die Frage der Umsetzung und Kontrolle der Durchsetzung stellt sich im Übrigen für Anliegen und Anspruch der Menschenrechte in ähnlicher Weise.

5 Ein friedensethischer Ausblick: religiöse Friedenskompetenz erkennen, stärken und anwenden

Dialoge, Gespräche, Begegnungen zwischen den Religionen sind Wege des Friedens und zum Frieden zugleich und schaffen trotz aller Unterschiede und Differenzen ein Bewusstsein für Gemeinsamkeiten gerade im Ethos. Doch neben dieser interreligiösen Perspektive hat die intrareligiöse Dimension eine grundlegende friedensethische Bedeutung und Funktion. Denn eine wesentliche Aufgabe besteht darin, sowohl die Gewaltpotenziale religiöser Akteure zu mindern als auch ihre Friedenskompetenzen zu stärken. Dabei wächst die Gewaltresistenz von Religionsgemeinschaften mit dem Maß (inter)religiöser Bildung, politischer Autonomie sowie trans- und internationaler (inter)religiöser Vernetzung.

„Solchermaßen gestärkt, sind sie gegen Versuche der konfliktverschärfenden Instrumentalisierung von Religion gewappnet, die von Konfliktführern insbesondere zur Transformation von Interessen in (religiös aufgeladene) Wertekonflikte gezielt unternommen werden. […] Um ihre Friedenspotenziale zu fördern, müssen Religionsgemeinschaften zunächst ihre Friedenskompetenzen erkennen – die theologischen Grundlagen und Überlieferungen ebenso wie konkrete Beispiele und Vorbilder in der Geschichte. Diese Fähigkeiten müssen jedoch permanent weiterentwickelt und schließlich aktiv in politische Prozesse eingebracht werden" (Weingardt 2016, S. 54f.).

Sie sind mittels friedenspädagogischer Konzeptionen in Erziehungs-
und Bildungskontexten umgesetzt worden. Dies wird seit einiger
Zeit konkret an Weltethos-Schulen versucht. Auf der politischen
Ebene nimmt dies seit 2017 Gestalt an in der Initiative des deutschen
Außenministeriums zur „Friedensverantwortung der Religionen".

Weitere friedensethisch-interreligiöse Perspektiven, die sich aus
dem gemeinsamen Engagement beziehungsweise aus der gemeinsamen Verantwortung der Religionen ergeben und weit über die
unmittelbare interreligiöse Konfliktdimension hinausreichen, sind
festzumachen und zu verankern an den Begriffen der Gerechtigkeit,
der Menschenrechte, der Solidarität sowie der Nachhaltigkeit und
den damit verbundenen (globalen) Herausforderungen. Aus dieser
substanziellen Verankerung wird deutlich, dass die interreligiöse
Perspektive sich einem positiven und normativ gehaltvollen und
facettenreichen Begriff des Friedens zu verschreiben hat und
es intensiver Verständigungsprozesse bedarf, um aus den blo-
ßen und gewichtigen „Begriffscontainern" konkrete normative
Handlungsorientierungen zu „entnehmen", auszuformulieren und
letztlich auch zu politisieren, das heißt, in die vorhandenen oder
noch zu setzenden Agenden (welt-)gesellschaftlicher Institutionen
einzuspeisen. Dass sich Religionsgemeinschaften mit ihren spiri-
tuellen und moralischen Traditionen und Gehalten an einzelne
Individuen richten, ist trivial. Dass sie sich mit ihren Ressourcen,
ihrem Orientierungsvermögen und ihren Motivationspotenzialen
als zivilgesellschaftliche Akteure mehr denn je in institutionelle
Kontexte einzubringen haben, ist entscheidend für die Zukunft
– um ihrer selbstbekundeten Weltverantwortung willen, aber
auch um ihrem prophetischen Potenzial und Auftrag gerecht zu
werden. Die weitere prozesshafte Ausgestaltung der Konzeption
eines gerechten Friedens in interreligiöser beziehungsweise interkultureller Perspektive wird nicht auf die Bezugnahme auf die
genannten moralischen Ressourcen und Orientierungspotenziale

aus den Religionen sowie deren Motivationspotenziale verzichten können. Dies alles einfach zu ignorieren, die Bedeutung in Abrede zu stellen oder als grundsätzlich aussichtslos zu kennzeichnen, bietet für das notwendige friedliche Zusammenleben der Menschen in Gegenwart und Zukunft keine Perspektive und kann daher keine wirkliche Alternative zu den erforderlichen und grundsätzlich aussichtsreichen interreligiösen Verständigungsprozessen sein.

Literatur

Beck, Valentin. 2016. *Eine Theorie der globalen Verantwortung. Was wir Menschen in extremer Armut schulden.* Berlin: Suhrkamp.

Bielefeldt, Heiner. 1998. *Philosophie der Menschenrechte: Grundlagen eines weltweiten Freiheitsethos.* Darmstadt: Wissenschaftliche Buchgesellschaft.

Bleisch, Barbara und Peter Schaber (Hrsg.). 2007. *Weltarmut und Ethik.* Paderborn: Mentis.

Bonacker, Thorsten. 2018. Gerechter Frieden als moralischer Maximalismus. In *Frieden und Gerechtigkeit in der Bibel und in kirchlichen Traditionen,* hrsg. von Sarah Jäger und Horst Scheffler, 101–133. Wiesbaden: Springer VS.

Broszies, Christoph und Henning Hahn (Hrsg.). 2010. *Globale Gerechtigkeit. Schlüsseltexte zur Debatte zwischen Partikularismus und Kosmopolitismus.* Berlin: Suhrkamp.

Frühbauer, Johannes J. 2004. Gerechtigkeit denken. John Rawls' politische Philosophie aus sozialethischer Perspektive. https://publikationen.uni-tuebingen.de/xmlui/handle/10900/43674. Zugegriffen: 01. Juni 2018.

Frühbauer, Johannes J. 2017. Das Projekt Weltethos. In *Handbuch Friedensethik,* hrsg. von Ines-Jacqueline Werkner und Klaus Ebeling, 915–924. Wiesbaden: Springer VS.

Hahn, Henning. 2009. *Globale Gerechtigkeit. Eine philosophische Einführung.* Frankfurt a. M.: Campus.

Haspel, Michael. 2017. Die Renaissance der Lehre vom gerechten Krieg in der anglo-amerikanischen Debatte: Michael Walzer. In *Handbuch Friedensethik*, hrsg. von Ines-Jacqueline Werkner und Klaus Ebeling, 315–325. Wiesbaden: Springer VS.

Höffe, Otfried. 1993. *Moral als Preis der Moderne. Ein Versuch über Wissenschaft, Technik und Umwelt*. Frankfurt a. M.: Suhrkamp.

Höffe, Otfried. 1999. *Demokratie im Zeitalter der Demokratisierung*. München: C.H. Beck.

Höffe, Otfried. 2015. Konfuzius, der Koran und die Gerechtigkeit. *Frankfurter Allgemeine Zeitung* vom 17. August 2015: 6.

Kreide, Regina. 2011. Normative Modelle globaler Gerechtigkeit. In *Globalisierung. Ein interdisziplinäres Handbuch*, hrsg. von Andreas Niederberger und Philipp Schink, 241–249. Stuttgart: J.B. Metzler.

Küng, Hans. 1990. *Projekt Weltethos*. München: Piper.

Küng, Hans. 2012. *Handbuch Weltethos. Eine Vision und ihre Umsetzung*. München: Piper.

Kuschel, Karl-Josef, Alessandro Pinzani und Martin Zillinger (Hrsg.). 1999. *Ein Ethos für eine Welt? Globalisierung als ethische Herausforderung*. Frankfurt a. M.: Campus.

Lücker, Maria Alberta (Hrsg.). 1971. *Religionen, Frieden, Menschenrechte. Dokumentation der ersten Weltkonferenz der Religionen für den Frieden. Kyoto 1970*. Wuppertal: Jugenddienst-Verlag.

Lütterfelds, Wilhelm und Thomas Mohrs (Hrsg.). 1997. *Eine Welt – eine Moral? Eine kontroverse Debatte*. Darmstadt: Wissenschaftliche Buchgesellschaft.

Maclure, Jocelyn und Charles Taylor. 2011. *Laizität und Gewissensfreiheit*. Frankfurt a. M.: Suhrkamp.

Mieth, Corinna. 2012. *Positive Pflichten. Über das Verhältnis von Hilfe und Gerechtigkeit in Bezug auf das Weltarmutsproblem*. Berlin: de Gruyter.

Mohrs, Thomas. 1997. Einleitung: Paradoxe Welt-Moral – ein lösbares Problem? In *Eine Welt – eine Moral? Eine kontroverse Debatte*, hrsg. von Wilhelm Lütterfelds und Thomas Mohrs, 1–17. Darmstadt: Wissenschaftliche Buchgesellschaft.

Nida-Rümelin, Julian. 2017. *Über Grenzen denken. Eine Ethik der Migration*. Hamburg: edition Körber Stiftung.

Niederberger, Andreas und Philipp Schink (Hrsg.). 2011. *Globalisierung. Ein interdisziplinäres Handbuch*. Stuttgart: J.B. Metzler.

Nipkow, Karl-Ernst. 1998. Weltethos und Erziehungswissenschaft. In *Wissenschaft und Weltethos*, hrsg. von Hans Küng und Karl-Josef Kuschel, 239–261. München: Piper.

Rawls, John. 1975. *Eine Theorie der Gerechtigkeit*. Frankfurt a. M.: Suhrkamp.

Rawls, John. 1994. *Die Idee des politischen Liberalismus*. Frankfurt a. M.: Suhrkamp.

Rawls, John. 2003. *Gerechtigkeit als Fairness*. Frankfurt a. M.: Suhrkamp.

Schönherr-Mann, Hans-Martin. 2010. *Globale Normen und individuelles Handeln. Die Idee des Weltethos aus emanzipatorischer Perspektive.* Würzburg: Königshausen und Neumann.

Stosch, Klaus von. 2012. *Komparative Theologie als Wegweiser in der Welt der Religionen*. Paderborn: F. Schöningh.

Walzer, Michael. 1977. *Just and Unjust Wars. A Moral Argument with Historical Illustrations*. New York: Basic Books.

Walzer, Michael. 1996. *Lokale Kritik – globale Standards. Zwei Formen moralischer Auseinandersetzung*. Hamburg: Rotbuch.

Walzer, Michael. 2003. *Erklärte Kriege – Kriegserklärungen*. Hamburg: Europäische Verlagsanstalt.

Walzer, Michael. 2007. *Thinking Politically. Essays in Political Theory*. New Haven, CT: Yale University Press.

Weingardt, Markus A. 2016. *Frieden durch Religion? Das Spannungsverhältnis zwischen Religion und Politik*. Gütersloh: Bertelsmann.

Die Rolle des Vertrauens für eine interreligiöse und interkulturelle Begegnung in Friedensfragen

Pascal Delhom

1 Einleitung

In ihrem 2013 erschienenen Buch „Vertrauensfragen. Eine Obsession der Moderne" beschreibt die Historikerin Ute Frevert, wie verbreitet das Thema des Vertrauens besonders seit dem 18. Jahrhundert gewesen ist. Vertrauen wird in vielen Bereichen des privaten und des öffentlichen Lebens thematisiert, versprochen und geschenkt, gefordert und beschworen und nicht selten enttäuscht und verloren. Ökonomische, soziale und politische Krisen, aber auch Beziehungskrisen werden dann vermehrt als Krisen des Vertrauens verstanden und dargestellt. Hierbei verweist Frevert auf die Ambivalenz des Begriffs (2013, S. 190), der als Gefühl oder Kalkül (S. 15), als asymmetrische Treue einem Elternteil oder einem charismatischen Führer gegenüber (S. 180ff.), als gegenseitige Erwartungshaltung im sozialen Feld oder sogar als Werbemittel in deregulierten Märkten (S. 138) verstanden werden kann, der aber auch die Grundlage von Missbrauch in manchen pädagogischen Beziehungen bildet (S. 88ff.).

© Springer Fachmedien Wiesbaden GmbH, ein Teil von Springer Nature 2019
S. Jäger und R. Anselm (Hrsg.), *Ethik in pluralen Gesellschaften*,
Gerechter Frieden, https://doi.org/10.1007/978-3-658-23791-2_7

Eine Reflexion über die Rolle des Vertrauens in Friedensfragen
– die bis jetzt zu wenig geführt worden ist[1] – wird sich entsprechend um eine begriffliche Klärung und um eine thematische
Einschränkung des Feldes bemühen müssen.

2   Vertrauen als Wagnis mit eigenen Bedingungen

Ich verstehe das Vertrauen als eine Form des Umgangs mit der Freiheit anderer Menschen (vgl. Luhmann 2000, S. 48). Ich übernehme
also nicht den von Niklas Luhmann vorgeschlagenen Begriff eines
Systemvertrauens (2000, S. 27) als Vertrauen in das Funktionieren
von Systemen (etwa Geld, Wahrheit, politische Macht u. ä.) in einer Welt, in der wir es nicht mehr primär mit Menschen in einer
vertrauten Umgebung zu tun haben. Denn Systemen vertrauen
wir nicht im eigentlichen Sinne: Wir verlassen uns auf sie, und
zwar nicht aufgrund ihrer Vertrauenswürdigkeit, sondern ihrer
Zuverlässigkeit. Dies ist eine andere Art der Bezugnahme als diejenige, von der hier die Rede sein wird. Mit Systemen streben wir
auch keinen Frieden an.

Die Freiheit der anderen Menschen ist die einzige Grundannahme des hier geltenden Verständnisses des Vertrauens, das

---

1   Die spezifischen Überlegungen über die Rolle von vertrauensbilden-
     den Maßnahmen für eine internationale Sicherheitspolitik, etwa im
     Rahmen der OSZE (ehemals KSZE) oder die Rede Martin Bubers
     bei der Verleihung des Friedenspreises des deutschen Buchhandels
     1953, die mit dem Satz endet: „Unterfangen wir uns, trotz allem, zu
     vertrauen!" (Buber 2003 [1953], S. 101), bilden hier eher Ausnahmen,
     vgl. auch Delhom 2007, 2015. Auf das Verhältnis zwischen Vertrauen
     und Sicherheit werde ich in einem anderen Aufsatz in derselben Reihe
     ausführlicher eingehen unter dem Titel „Vertrauen und Sicherheits-
     politik".

keine andere anthropologische Annahme (etwa der Aggressivität der Menschen oder ihrer – wie auch immer ungeselligen – Geselligkeit) voraussetzt. Diese Freiheit wird nicht begründet, gilt aber insofern, als ohne sie Vertrauen irrelevant wäre. Sie bedeutet, dass kein Handlungssubjekt die Handlungen der anderen gänzlich vorhersehen oder kontrollieren kann, und zwar nicht nur aufgrund der unaufhebbaren Kontingenz der Zukunft, die alle Geschehnisse der Welt betrifft, sondern auch aufgrund des offenen Handlungsspielraums, den die Freiheit bedeutet. Diese erhöht dadurch für die Handelnden die Komplexität der Welt, in der sie handeln. Das Vertrauen ist nun eine Form des Umgangs mit dieser Freiheit, die eine Reduktion der entsprechenden Komplexität ermöglicht, indem es von der Annahme ausgeht, dass die anderen in unserem Sinne oder zumindest nicht gegen uns handeln werden. Zwar können auch die Ausübung von Macht, Kontrolle und Gewalt als Versuche verstanden werden, die sozial bedingte Kontingenz der Welt zu reduzieren. Allerdings versuchen sie es durch die Einschränkung oder sogar durch die Zerstörung der Freiheit der anderen, wohingegen das Vertrauen diese bestehen lässt, sie aber in einem gewissen Sinne einbindet, wie wir noch sehen werden.

Der durch Vertrauen geprägte Umgang mit der Freiheit der anderen ist zugleich eine Form des Umgangs mit dem eigenen Unwissen. Dies bedeutet nicht nur, dass wir nicht wissen können, was die anderen tun werden und wie sie sich uns und anderen gegenüber verhalten werden, sondern auch, dass wir unser eigenes Vertrauen ihnen gegenüber nie völlig begründen können. Könnten wir es, würden wir kein Vertrauen brauchen. Wir können also nie völlig wissen, ob unser Vertrauen berechtigt ist.

Dies gilt offensichtlich für das Vertrauen, das wir in eine Person *haben*. Denn dieses Vertrauen hängt nicht primär von uns ab: Es ist nicht das Ergebnis einer Entscheidung, die begründet werden könnte und sollte, sondern eine affektive Einstellung oder Haltung (vgl. Hunziker und Peng-Keller 2009, S. 266f.), die sich in uns meistens auf der Basis der Vertrautheit mit dieser Person entwickelt und die wiederum selber die Basis für manche Entscheidungen bilden kann. Von außen gesehen oder im Nachhinein mag diese Einstellung als riskant oder als blauäugig erscheinen. Für die vertrauende Person selbst besteht sie aber gerade darin, dass sie nicht hinterfragt wird. Sie bedarf also keiner Begründung. Sie ist eine Art der Gewissheit ohne Wissen.

Dass Vertrauen mit einem eingeschränkten Wissen einhergeht, gilt aber auch für dasjenige, das wir in andere *setzen* oder ihnen *schenken*, meistens in Bezug auf eine bestimmte Aufgabe, die wir ihnen anvertrauen. Zwar handelt es sich hier nicht um eine habituelle Einstellung, sondern um Akte des Vertrauens, die durchaus begründet werden können (und sollten), sei es nur in der negativen Form der Abwesenheit von Misstrauensgründen. In diesem Zusammenhang ist ein gesundes Misstrauen nicht das Gegenteil, sondern eher eine negative Bedingung des Vertrauens: Die vertrauende Person misstraut nur soweit wie nötig, um soweit wie möglich vertrauen zu können. Blindes Vertrauen würde nämlich durch das uneingeschränkte Risiko einer Enttäuschung sowohl die vertrauende Person gefährden wie auch die Möglichkeit ihres zukünftigen Vertrauens weit mehr einschränken als ein gesundes Misstrauen im Moment des Schenkens. Allerdings vermag auch eine mögliche Begründung des geschenkten Vertrauens es nicht, den mit der Freiheit des anderen verbundenen Spielraum dessen Verhaltens zu schließen und entsprechend die Möglichkeit von Enttäuschungen und Verletzungen auszuschließen. Das Vertrauen ist und bleibt immer ein Wagnis (vgl. Luhmann 2000, S. 31).

Entgegen gängigen Annahmen trägt die Gegenseitigkeit des Vertrauens nie völlig dazu bei, dieses Wagnis zu entschärfen. Denn sie hebt nicht die konstitutive Asymmetrie des Vertrauens auf. Auch wenn die anderen uns vertrauen, trägt dies nämlich nicht zur Begründung des Vertrauens bei, das wir ihnen schenken. Die Tatsache zum Beispiel, dass andere mir ohne Angst Geheimnisse anvertrauen (können), heißt noch lange nicht, dass sie nicht weitererzählen würden, was ich ihnen vertraulich sage. Die Gegenseitigkeit des Vertrauens hat eher die Struktur einer doppelten Asymmetrie, in der beide Seiten auf ein Wagnis eingehen, ohne ihr Vertrauen gänzlich begründen zu können.

Das geschenkte Vertrauen ist umso mehr ein Wagnis, als wir anderen Menschen meistens in Bezug auf bestimmte Aufgaben vertrauen, die für uns wichtige Dinge betreffen. Wir vertrauen ihnen nicht beliebige Dinge an, sondern wertvolle. Sonst würde es sich nicht wirklich um Vertrauen, sondern eher um Gleichgültigkeit handeln. Wir vertrauen Erzieherinnen und Lehrerinnen die Erziehung unserer Kinder an, Ärztinnen unsere Gesundheit, gewählten Politikerinnen die Lenkung unseres Gemeinwesens, Freundinnen manche Geheimnisse oder Anwältinnen die rechtliche Vertretung unserer Interessen. Im Wagnis des Vertrauens setzen wir uns somit anderen Menschen so aus, dass die Enttäuschung dieses Vertrauens uns besonders treffen würde. Wir machen uns nicht nur von ihnen abhängig, sondern auch durch sie vielfach verletzlich (vgl. Baier 2001, S. 43ff.).

Deswegen ist es in Bezug auf das Schenken des Vertrauens wichtig, dass, auch wenn wir es nie gänzlich begründen können, wir es nicht bedingungslos vollziehen. Wie bereits erwähnt, ist ein gesundes Misstrauen wichtig, um die Grenzen des möglichen Vertrauens in bestimmten Situationen und gegenüber bestimmten Menschen zu markieren. Aber auch jenseits dieser negativen Bedingung muss das Vertrauen selbst einige positive Bedingungen erfüllen.

Erstens schenken wir anderen Menschen unser Vertrauen in Bezug auf eine bestimmte Aufgabe, wenn wir davon ausgehen können, dass sie dieser Aufgabe gewachsen sind. Wir trauen ihnen also zu, sie zu erfüllen. Dieses Zutrauen ist allerdings als solches noch kein Vertrauen. Wir können ja durchaus jemandem zutrauen, uns zu schädigen oder sogar zu verraten. Das Zutrauen ist aber eine Bedingung dafür, dass wir jemandem eine bestimmte Aufgabe anvertrauen. Deswegen würden wir zum Beispiel jemandem, in den wir als Person volles Vertrauen haben, der allerdings mit Geld und mit Zahlen nicht umgehen kann, nicht die Verwaltung unseres Vermögens anvertrauen. Umgekehrt ist es nicht unüblich, dass wir einer Person, der wir in persönlichen Beziehungen nicht wirklich vertrauen (etwa weil wir sie nicht kennen), dennoch als Ärztin, als Verwalterin oder als Technikerin – nicht selten als Vertreterin eines Berufs oder als Mitglied einer bestimmten gesellschaftlichen Gruppe – jeweils verbunden mit den Zeichen und Symbolen dieser Zugehörigkeit – eine bestimmte Aufgabe anvertrauen, deren Erfüllung wir ihr zutrauen.

Unser Vertrauen in Bezug auf solche Aufgaben schenken wir ihr allerdings erst dann, wenn wir mit diesem Akt die Erwartung verbinden, dass sie diese ihr anvertraute Aufgabe nicht nur erfüllen kann, sondern in unserem Sinne erfüllen wird. Und diese Erwartung verbinden wir meistens mit einer zweiten Bedingung des Vertrauens: mit der Annahme der Vertrauenswürdigkeit des jeweils anderen. Zwar kann auch diese nie völlig begründet werden. Sie entsteht aber aus unterschiedlichen Quellen, die sie zu stützen vermögen (vgl. u. a. Sztompka 1999, Kap. 4: „foundations of trust"). Die erste ist die eigene Erfahrung in Bezug auf eine Person, die sich bereits in der Vergangenheit uns gegenüber als vertrauenswürdig erwiesen hat. Die zweite ist der Ruf einer Person, der aus wiederholten positiven Erfahrungen anderer entstanden ist oder durch Diplome, Titel, Würdigungen oder ähnliches erworben wurde und auf den wir uns beziehen können. Die dritte ist das Aussehen einer Person, das uns zu vertrauen animieren kann, etwa weil es uns vertraut ist (in der Regel tendieren wir dazu, eher unseresgleichen als Fremden zu vertrauen!) oder weil es sozialen Normen entspricht (etwa durch Kleidung oder Verhaltensweisen als Zeichen eines bestimmten sozialen Status). Besonders der letztgenannte Vertrauensgrund, das Aussehen einer Person, ist nicht nur politisch problematisch, es ist auch besonders anfällig für Fehleinschätzungen und Täuschungen. Letztendlich gibt es aber auch in Bezug auf die anderen Quellen keine absolute Sicherheit in Bezug auf die Vertrauenswürdigkeit des anderen.

Vertrauensstiftend kann darüber hinaus die Bereitschaft einer Person wirken, öffentlich Verantwortung für etwas zu übernehmen und sich selbst zur positiven Durchführung einer Aufgabe zu verpflichten. Anders als die Beschwörung der eigenen Vertrauenswürdigkeit, die meistens eher das Gegenteil bewirkt, weil sie genau die Fragwürdigkeit derselben ins Bewusstsein ruft, ist die Selbstverpflichtung nämlich genau das, was die vertrauende Person vom Adressaten ihres Vertrauens erwartet und sogar in gewisser Weise einfordert. Deswegen ist die glaubwürdige Bekundung dieser Selbstverpflichtung etwas, was Vertrauen hervorzurufen vermag. Die Durchführung der besagten Aufgabe und die darauffolgende erneute Verkündung der Bereitschaft, weiterhin Verantwortung zu übernehmen, sind gewährte Etappen eines Prozesses der Vertrauensbildung, der nicht selten als Grundlage von Kooperationen oder von politischen Annäherungen fungiert.

Darüber hinaus kann das Vertrauen auch durch die Anwesenheit eines Dritten gestärkt werden, der etwa als Zeuge eines Versprechens oder einer anderen Form der Selbstverpflichtung gegenüber anderen, als Garant deren Einhaltung oder einfach als begleitende Vertrauensperson fungiert. Bedingung dafür ist, dass die betroffenen Parteien wiederum diesem Dritten vertrauen und ihn nicht einfach fürchten, denn sonst wäre nicht mehr das Vertrauen, sondern die Furcht vor dem Dritten ausschlaggebend. Auch bestimmte Institutionen (zum Beispiel die Institution des

Geldes als Medium des Vertrauens in Bezug auf eine zukünftige Gegenleistung zur eigenen Vorleistung ohne Wertverlust, vgl. dazu Simmel 1989 [1900], S. 214ff.) können Praktiken des Schenkens des Vertrauens in bestimmten sozialen Rahmen unterstützen und festigen. Ähnliches gilt auch für die Entwicklung eines individuellen oder sozialen Habitus, einer Tugend des Vertrauens, die jeden Akt stärkt. [2]

Die Selbstverpflichtung einer Person ist allerdings nicht nur eine Bedingung dafür, dass man ihr Vertrauen schenkt. Sie kann auch umgekehrt eine Wirkung des geschenkten Vertrauens sein. Denn indem sich die vertrauende Person dem Handeln eines anderen Menschen und somit der Möglichkeit einer Verletzung aussetzt, setzt sie zugleich den anderen in die Verantwortung dafür ein, dass dieses Vertrauen nicht enttäuscht wird.

> „Für den Vertrauenden ist seine Verwundbarkeit das Instrument, mit dem er eine Vertrauensbeziehung in Gang bringt. Erst aus seinem eigenen Vertrauen ergibt sich für ihn die Möglichkeit, als eine Norm zu formulieren, daß sein Vertrauen nicht enttäuscht werde, und den anderen dadurch in seinen Bann zu ziehen" (Luhmann 2000, S. 55).[3]

---

2   Mit solchen Formen der Absicherung unseres Vertrauens befasse ich mich eingehender in meinem bereits erwähnten Artikel in derselben Reihe: „Vertrauen und Sicherheitspolitik" (vgl. FN 1). Deswegen werden sie hier nur kurz erwähnt.

3   Deswegen ist Vertrauen auch eine gute Form der Erziehung zur Verantwortung: Dadurch, dass die erziehenden Bezugspersonen einem Kind zuerst in kleinen Belangen, die es nicht überfordern, vertrauen, lassen sie in ihm einen Sinn für die eigenen Handlungsspielräume und für die eigene Verantwortung entstehen. Erst bei Erwachsenen kann allerdings diese Verantwortung als eine Selbstverpflichtung vor dem anderen verstanden werden, für die jemand auch stehen muss und Rechenschaft abzulegen bereit sein soll. Bei Erwachsenen hat auch

In diesem Sinne kann man sagen, dass Vertrauen verpflichtet und dass diese Verpflichtung des anderen Menschen auch eine Form der Absicherung des eigenen Vertrauens bildet.

Dies gilt allerdings nur dann, wenn das geschenkte Vertrauen nicht allgemein als eine Dummheit und Blauäugigkeit angesehen wird, die entsprechend eigentlich nichts anderes verdient, als enttäuscht zu werden. In einer Gesellschaft, die von Verdacht und Kontrolle beherrscht und durch sie geregelt wird, ist die verpflichtende Kraft des Vertrauens gering und auch die Vertrauenswürdigkeit hat keinen hohen Wert. Im Gegensatz dazu setzt das Schenken des Vertrauens eine soziale Haltung voraus, die erstens den Wert des Vertrauens als „ersichtlich eine der wichtigsten synthetischen Kräfte innerhalb der Gesellschaft" (Simmel 1992 [1908], S. 393, vgl. auch S. 425) anerkennt und zweitens eine Praxis des geschenkten und nicht enttäuschten Vertrauens pflegt. Diese soziale Haltung ist unterschiedlich genannt und beschrieben worden. Piotr Sztompka spricht von einer Vertrauenskultur und betont ihre Rolle für die Möglichkeit, Vertrauen zu schenken (1999, S. 99 ff.); Annette Baier verweist auf bestimmte soziale Rollen und Einrichtungen, die ein Vertrauensklima schaffen und dadurch das Vermögen zu vertrauen beeinflussen (2001, S. 60f.); auf der Basis von James S. Colemans Theorie des Sozialkapitals als Fähigkeit, vor allem aufgrund von geteilten Werten mit anderen Menschen zu kooperieren (Fukuyama 1995, S. 10ff.), unterscheidet Francis Fukuyama zwischen „Low-Trust Societies" und „High-Trust Societies" und unterstreicht die Wichtigkeit des Sozialkapitals für die Praxis des Vertrauens.

Alle betonen also, dass das Schenken von Vertrauen maßgeblich von einem sozialen Kontext abhängt, der es begünstigen und unterstützen oder im Gegenteil unterminieren kann. In diesem Sinne

---

das Einsetzen des anderen in die Verantwortung durch geschenktes Vertrauen keine erzieherische Dimension mehr.

gilt eine positive Vertrauenskultur als eine wichtige Bedingung des Schenkens von Vertrauen. Sie kann zwar durch wiederholte oder durch eine dramatische (und medial inszenierte) Verletzung des Vertrauens gefährdet werden. Umgekehrt wird sie aber durch eine verbreitete Praxis des geschenkten und nicht enttäuschten Vertrauens gestärkt. Sie trägt dann zur Bildung einer sozialen Erwartung bei, nach der Vertrauen nicht verletzt werden soll. Auch diese allgemeine und normativ wirkende Erwartung vermag allerdings nicht gänzlich, die Asymmetrie des Vertrauens und somit seinen Wagnischarakter aufzuheben.

Nun stellt sich die Frage, welche Rolle das so verstandene Vertrauen für eine interreligiöse und interkulturelle Begegnung in Friedensfragen spielen kann. Und bereits hier sollte es einleuchtend geworden sein, dass die Antwort darauf keine einfache sein kann.

3 Die Rolle des Vertrauens für eine interreligiöse und interkulturelle Begegnung in Friedensfragen

Auf der einen Seite scheint der Frieden als Aufgabe auf besondere Weise Vertrauen zu erfordern, ja, sogar ohne Vertrauen unmöglich zu sein. Denn der Frieden ist keine Aufgabe, die jemand allein, gegen die anderen oder sogar ohne sie zu erfüllen vermag. Sonst wäre das, was dadurch erreicht worden ist, kein Frieden, sondern im besten Fall ein Nebeneinander von Parteien, die sich auf wundersame Weise erfolgreich ignorieren, im schlimmsten Fall die totalitäre Herrschaft einer Partei, die den jeweils anderen ihre Freiheit oder gar ihr Leben raubt. Im Gegensatz dazu sind sowohl das Erreichen des Friedens in Kriegszeiten wie auch seine Erhaltung und Konsolidierung in Zeiten des Friedens Aufgaben, die nur mit den anderen erfüllt werden können. Diese Erfüllung bezieht also notwendig die Freiheit der anderen ein, auch wenn diese keine Freunde, sondern Gegnerinnen und Gegner oder sogar Feindinnen und Feinde sind. Bei dieser gemeinsamen Erfüllung einer Aufgabe kann das Verhältnis aller Beteiligten zum jeweils eigenen Teil derselben als Verantwortung für den Frieden verstanden werden. Ihr Verhältnis zum Teil der anderen muss ein solches des Vertrauens sein (vgl. Delhom 2015).

Im Rahmen von interkulturellen und interreligiösen Begegnungen – sei es unter offiziellen Vertreterinnen und Vertretern von Religionen oder Kulturen, die im Rahmen von organisierten Veranstaltungen über theologische, politische, moralische oder gesellschaftliche Dimensionen des Friedens sprechen, sei es unter Mitgliedern von Kulturen und Religionen, die das gemeinsame Leben im Alltag zu gestalten versuchen – ist dieses Vertrauen umso wichtiger. Ansonsten gibt es zwischen den beteiligten Kulturen und Religionen – jeweils aus unterschiedlichen Gründen – wenig Gemeinsames, was eine Basis für ein gegenseitiges Verständnis und ein gemeinsames Handeln bilden kann. Die Schwierigkeiten der Annäherung fangen nämlich bereits mit Differenzen, ja manchmal mit Unvereinbarkeiten in Bezug auf das jeweilige Verständnis von Frieden in den einzelnen Kulturen und Religionen, über deren kulturell und religiös geprägte Bereitschaft zum Frieden, über das jeweilige Selbstverständnis der Beteiligten in Friedensprozessen und über ihre Beziehung zum jeweils anderen an. Diese Differenzen sind umso wirksamer, als sie für die Beteiligten gerade aufgrund der Fremdheit des jeweils anderen nicht offensichtlich sind. Zwar ist ja das, worum es ihnen geht, nichts anderes als der Frieden. Darüber mögen sie sich vielleicht einig sein. Aber die Bestimmung dessen, was Frieden bedeutet, wie er praktisch verwirklicht und gelebt werden kann und inwiefern die beteiligten Parteien sich hierbei selbst treu bleiben können, kann nicht vorausgesetzt werden. Auch die Suche nach Gemeinsamkeiten zwischen Kulturen und

Religionen, die als vertraute Elemente zumindest eine gewisse Basis des Vertrauens bei Mitgliedern anderer Kulturen und Religionen bilden könnten, kann dieses Vertrauen nicht voraussetzen. Sie trägt im Gegenteil eher zu seiner Bildung bei.

Das heißt, dass die Bestimmung dessen, was der angestrebte Frieden bedeutet und wie er realisiert werden kann, selber Bestandteil eines jeden interkulturellen und interreligiösen Friedensprozesses und zentraler Gegenstand jeder entsprechenden Begegnung in Friedensfragen sein muss. Sie kann nicht vorausgesetzt werden. Allein die unterschiedlichen Namen des Friedens in verschiedenen Sprachen und Kulturen (vgl. Koppe 2001, S. 17ff.) offenbaren große Unterschiede, wenn nicht unüberbrückbare Differenzen zwischen ihnen. Das umfassende, kosmologisch und durchaus religiös geprägte Verständnis von Frieden, das in den hebräischen und arabischen Wörtern *shalom* und *salam* zum Ausdruck kommt, besitzt eine gewisse Nähe zum augustinischen Verständnis des Friedens als umfassende „Ruhe der Ordnung" (Augustinus 1978 [413-426], S. 551). Ist er aber mit dem römischen Begriff des Friedens als *pax* (aus rechtlicher Verbindlichkeit), der die Grundlage des modernen westlichen Verständnisses seit Hobbes bildet, oder mit dem deutschen Begriff des Friedens, der etymologisch mit Freundschaft und Freiheit verbunden ist, ohne Weiteres vereinbar? Mehr noch als die Begriffe selbst sind in einem interkulturellen oder interreligiösen Gespräch die sprachlichen und kulturellen Selbstverständlichkeiten relevant, die sie transportieren. Sie sind es, die möglicherweise für Unverständnis oder Missverständnisse in Begegnungen sorgen. Ohne Vertrauen in Bezug auf die Absichten der jeweils anderen und in Bezug auf ihre Bereitschaft, nicht nur Frieden zu fördern, sondern auch offen über eigene und fremde Selbstverständlichkeiten zu reden, scheint deswegen keine Begegnung in Friedensfragen möglich.[4]

Auf der anderen Seite ist allerdings ein solches Vertrauen weder im Fall einer Begegnung mit Menschen aus fremden Kulturen noch mit Vertreterinnen und Vertretern anderer Religionen von vornherein gegeben. Bei den ersten steht eine Erfahrung der Fremdheit im Vordergrund. Hier werden Verständigungsprozesse mit Problemen des Verstehens konfrontiert, die nicht einfach zu lösen sind und deren Lösung wiederum die Spezifität der Kulturen aufzuheben drohen könnte. Bei den zweiten geht es eher um Wahrheits- und Richtigkeitsansprüche von Lehren und Praktiken, die mehr oder weniger offen dafür sind, dass andere Religionen ähnliche Ansprüche erheben, und die diese Religionen auch nicht ohne weiteres anerkennen können, ohne hierbei die eigenen Wahrheits- und Richtigkeitsansprüche zu relativieren oder zu kompromittieren. Trotz aller Gemeinsamkeiten, die es zwischen Kulturen und Religionen geben mag, scheint in Bezug auf Kulturen die Dimension der Fremdheit nicht aufgehoben werden zu können, ohne die Spezifität der gelebten Kulturen mit ihren jeweiligen Selbstverständlichkeiten zu negieren, und in Bezug auf die Religionen die Wahrheits- und Richtigkeitsansprüche nicht ausgeklammert werden zu können, ohne das Verbindliche der Religionen für das Leben der Menschen zu verwässern. In beiden Fällen scheint es also, dass sowohl die Fremdheit anderer Kulturen wie auch die Andersheit anderer Religionen keine guten Voraussetzungen für ein Verhältnis des Vertrauens darstellen.

---

4   In einem ähnlichen Sinne betonte der französische Theologe und Spezialist interreligiöser Gespräche Thierry-Marie Courau (2013) in einem Bericht über ein Theologentreffen die Schlüsselrolle des Vertrauens für ein Gespräch zwischen Menschen, die verschiedene Sprachen sprechen.

Dass nämlich bei neuen Begegnungen die Beteiligten bereits Vertrauen in den jeweils anderen *haben*, kann wohl von niemandem vorausgesetzt werden. Dazu fehlt meistens die Vertrautheit, durch die ein solches Vertrauen entstehen und wachsen kann. Durch die Wiederholung von Begegnungen kann sich wohl ein Vertrauensverhältnis zwischen den Beteiligten entwickeln. Ein solches Vertrauen ist allerdings dann keine Voraussetzung, sondern viel eher ein Produkt dieser Begegnungen.

Aber auch die Bedingungen eines *Schenkens* des Vertrauens als gewagte Vorleistung können kaum von vornherein als erfüllt gelten. Denn es ist erstens nicht selbstverständlich, dass die beteiligten Parteien sich selbst und den jeweils anderen *zutrauen*, die Offenheit und die Redlichkeit sowie die Kompromissbereitschaft zu besitzen und offenzulegen, die für einen Verständigungsprozess nötig sind. Kulturen sind gerade von Selbstverständlichkeiten im Denken und Verhalten geprägt, die deswegen einfach gelten, weil sie für die Mitglieder der Kultur nicht Gegenstand einer kritischen Betrachtung sind, sondern viel eher der unreflektierte Ausgangspunkt jeder Erfahrung und Bildung von Gegenständen in der Welt. Wie können sie also für andere Selbstverständlichkeiten offen sein? Religionen werden ihrerseits vielfach durch die Bindekraft einer transzendenten und unhinterfragbaren Autorität oder, was noch schwerer wiegen könnte, durch die kaum zu überbietende Kraft von jahrhundertealten Traditionen getragen. Wie könnten sie sich hier offen zeigen und kompromissbereit sein? Eine Begegnung in Friedensfragen ist unter diesen Bedingungen natürlich möglich, aber es ist fraglich, ob sich die beteiligten Parteien sowohl sich selbst als auch den anderen deren Erfolgsbedingungen von vornherein zutrauen.

Es ist zweitens auch nicht selbstverständlich, dass die beteiligten Parteien von der *Vertrauenswürdigkeit* des jeweils anderen ausgehen können. Deren Fremdheit bewirkt nämlich meistens, dass in Bezug auf sie das Kriterium des vertrauten beziehungsweise vertrauenerweckenden Aussehens ausfällt. Die jeweils Vertrauenden werden vielleicht im anderen die Zeichen ihrer Macht und Autorität, ihres Wissens und Könnens, ihrer Großzügigkeit oder ihrer Hostilität erkennen können. Aber dies gilt wohl kaum in Bezug auf die sozialen Zeichen ihrer Vertrauenswürdigkeit, die weitgehend kulturintern bestimmt werden. Dazu kommt, dass vergangene Erfahrungen mit Menschen aus anderen Kulturen nicht selten von Konflikten und Missverständnissen geprägt sind. Sie laden eher nicht zum Vertrauen ein. Das gleiche gilt für den Ruf der jeweiligen Fremden. Gerade wir Europäer und Christen können nach Jahrhunderten der Eroberung, des Kolonialismus und der zwischen uns selbst geführten Kriege nicht davon ausgehen, dass unser Ruf bei anderen Kulturen ein solcher der Vertrauenswürdigkeit ist, weder in Friedens- noch in anderen Fragen.

Auch die bereits am Anfang dieses Beitrags und in Anlehnung an Luhmann erwähnte normative Dimension des geschenkten Vertrauens, die den jeweils anderen durch das Einsetzen unserer Verletzlichkeit verpflichtet, kommt hier kaum zur Geltung. Ihr fehlt nämlich die Basis einer gemeinsamen Vertrauenskultur, dank der wir erwarten können, dass unser Vertrauen nicht einfach ausgenutzt wird. Die einzige Bedingung des Vertrauens, die übrig zu bleiben scheint, ist die offen getragene Selbstverpflichtung des jeweils anderen, der mit uns in ein Gespräch eintritt und seinen guten Willen beteuert. In Bezug auf eine solche Beteuerung könnte zwar durchaus Zweifel angebracht sein. Doch das Wohlwollensprinzip kann geltend gemacht werden. Auch dann bildet es allerdings nur eine dünne Basis für unser Vertrauen. Alles in allem scheint es also offensichtlich, dass Vertrauen wohl kaum als Grundvoraussetzung für eine interreligiöse und interkulturelle Begegnung in Friedensfragen fungieren kann.

Und dennoch bleibt Vertrauen, so möchte ich behaupten, ein unverzichtbares Element solcher Begegnungen. Zugunsten des Wagnisses, das es bedeutet, spricht zumindest, dass Frieden nur mit den anderen möglich ist, dass er also die Freiheit der jeweils anderen nicht aufheben darf, sondern anerkennen und einbeziehen muss und dass Vertrauen die einzige Art des Umgangs mit dieser Freiheit ist, die sie bestehen lässt und dennoch die Komplexität der Welt zu reduzieren vermag. Die Ausgangsbedingungen eines solchen Vertrauens mögen zwar dünn sein. Sie müssen aber ausgeschöpft werden. Und sie sind nicht gänzlich abwesend.

Zugunsten des Vertrauens spricht erstens, dass es zwar nicht positiv begründet werden kann, dass aber zumindest auf Grund der kulturellen Fremdheit des jeweils anderen eine Begründung des Misstrauens genau so dürftig erscheint wie die Erfüllung der Bedingungen des Vertrauens. Denn die möglichen Zeichen der Unzuverlässigkeit, des bösen Willens oder der Feindseligkeit des Fremden müssen interpretiert und verstanden werden, um als Gründe des Misstrauens gelten zu können. Die Offenheit solcher Interpretationen ermöglicht in Bezug auf fremde Kulturen das Bestehen des Vertrauens, wo die Eindeutigkeit der Zeichen in der eigenen Kultur längst Misstrauen hätte walten lassen müssen. Das Vertrauen bleibt hier ein Wagnis, aber es fehlen feste Gründe, es nicht einzugehen.

Dazu kommt zweitens, dass angesichts der Möglichkeit des Krieges oder zumindest des Unfriedens die Verletzlichkeit, die mit dem Vertrauen einhergeht, nicht als Argument gegen dessen Wagnis geltend gemacht werden kann. Im Gegenteil gibt es gute Gründe, sie anderen Formen der Verletzlichkeit durch gewaltsame Konflikte vorzuziehen. Denn anders als diese kann jene eingesetzt werden, um allmählich eine Verbindlichkeit des geschenkten Vertrauens und hiermit eine Bedingung des Friedens als gemeinsame Aufgabe zu etablieren. Die Verletzlichkeit der Menschen, die in Zeiten des Unfriedens nicht auf das Wagnis des Vertrauens eingehen, mag kurzfristig geringer ausfallen als diejenige des Vertrauens. Langfristig hat nur letztere eine Chance, bei den anderen eine Selbstverpflichtung hervorzurufen, die friedensstiftend sein kann.

Dies reicht allerdings noch nicht, um Vertrauen entstehen zu lassen, denn die Bedingungen dafür sind weder durch die positive Einschätzung der Vertrauenswürdigkeit der jeweils anderen noch durch eine gemeinsame Vertrauenskultur bereits realisiert. Doch die Abwesenheit von Gründen des Misstrauens kann als Bedingung dafür gelten, dass Vertrauen zwar nicht vorausgesetzt, wohl aber im Laufe eines Prozesses der Vertrauensbildung allmählich zustande kommt und so seine Rolle in der Aufgabe des Friedens erfüllen kann. Ein solcher Prozess der Vertrauensbildung muss allerdings für die Beteiligten auf beiden Seiten der Vertrauensbeziehung mit Vorleistungen gefördert werden, die jeweils ein Wagnis sind.

Auf der einen Seite kann Vertrauen im Rahmen einer Begegnung dadurch gefördert werden, dass jeder es als seine Aufgabe versteht, die eigene Vertrauenswürdigkeit als Bestandteil der Begegnung zu etablieren. Hier besteht die Vorleistung nicht im Schenken des Vertrauens, sondern umgekehrt in einer Selbstverpflichtung, die dem jeweils anderen in der Form eines Versprechens mitgeteilt wird und anschließend kontrollierbar erfüllt wird.[5] Die Wiederholung solcher Schritte vermag beim jeweils anderen zur Bildung eines Vertrauens beizutragen, das auf Erfahrung beruht. Und sie kann sogar dazu beitragen, dass auch bei nicht unmittelbar beteiligten Dritten Vertrauen gegenüber solchen Akteuren auf der Basis deren wachsenden Rufes der Vertrauenswürdigkeit entsteht. Eine solche

---

5 Dies gehört zu den vertrauensbildenden Maßnahmen, von denen bereits die Rede war. Es wäre zweifellos interessant und wichtig, empirisch zu untersuchen, wie solche Prozesse der Vertrauensbildung im Rahmen von interkulturellen und interreligiösen Begegnungen stattfinden.

Wiederholung betont auch den Wert des Einhaltens einer Selbst-verpflichtung für die handelnde Person, was wiederum, ohne die Asymmetrie des Vertrauens aufzuheben, die anderen dazu bewegen kann, durch ähnliche Schritte für ihre eigene Vertrauenswürdigkeit zu sorgen. Nicht das Vertrauen, das jemand hat oder schenkt, gilt hier als Voraussetzung einer interkulturellen oder interreligiösen Begegnung in Friedensfragen, sondern die Bereitschaft, als Teil der eigenen Verantwortung für die gemeinsame Aufgabe des Friedens, selber als vertrauenswürdig zu erscheinen und somit zur Vertrau-ensbildung innerhalb der Begegnung beizutragen.

Umgekehrt ist ein Prozess der Vertrauensbildung auch nicht ohne die Bereitschaft möglich, auch ohne große Absicherung selber zu vertrauen in der Hoffnung, dass dieses Vertrauen nicht enttäuscht wird und dass sich dadurch allmählich ein begründetes Vertrauen bilden kann. Da allerdings dieses Vertrauen nicht von vornherein die Bedingungen erfüllt, durch die sich das Vertrauen normalerweise zum Teil absichern kann, setzt es in besonderer Weise zwei Formen des Vertrauens voraus, von denen bis jetzt noch nicht die Rede war und ohne die es kaum denkbar wäre.

Die erste ist eine sehr allgemeine Form des Vertrauens in die Menschen, von der Hannah Arendt ganz am Ende ihres berühmten Fernsehgesprächs mit Günter Gaus spricht. Sie bezeichnet darin das Handeln in der Öffentlichkeit als ein Wagnis, weil sich erstens der Handelnde als Person in der Öffentlichkeit exponiert und weil er zweitens nicht wissen kann, was im Netz der zwischenmensch-lichen Beziehungen aus seinem Handeln wird. In vielerlei Hinsicht ähnelt dieses Wagnis demjenigen des Vertrauens.

„Und nun würde ich sagen", meint Arendt, „dass dieses Wagnis nur möglich ist im Vertrauen auf die Menschen. Das heißt, in einem – schwer genau zu fassenden, aber grundsätzlichen – Ver-trauen auf das Menschliche aller Menschen. Anders könnte man es nicht" (Arendt 1996, S. 70).

Auch eine interreligiöse und interkulturelle Begegnung in Friedensfragen und auch das Vertrauen, das sich hierbei entwickeln soll, scheinen ohne ein solches grundsätzliches Vertrauen auf das Menschliche aller Menschen nicht möglich. Nur diese besondere Form des Vertrauens kann als Grundvoraussetzung einer interkulturellen oder interreligiösen Begegnung in Friedensfragen gelten. Wie es entsteht und worauf es gründet, schreibt Arendt nicht. Dass wir es aber verlieren können, ist eine besonders tiefgreifende Dimension der Verletzung von Menschen durch Gewalt, wie Jean Améry behauptete:

> „Ich weiß also nicht, ob die Menschenwürde verliert, wer von Polizeileuten geprügelt wird. Doch bin ich sicher, dass er schon nach dem ersten Schlag, der auf ihn niedergeht, etwas einbüßt, was wir vielleicht vorläufig das *Weltvertrauen* nennen wollen" (Améry 1977, S. 55f. Hervorh. im Original).

Nach einem solchen Verlust scheint die Suche nach Frieden schwieriger geworden zu sein.

Die zweite Form des Vertrauens, die hier als unterstützende Ressource fungieren kann, ist diejenige, die Gottvertrauen genannt werden kann. Es ist besonders in Bezug auf eine interreligiöse Begegnung relevant. Denn für religiöse Menschen, für Menschen also, die ihr Menschsein nicht unabhängig von einer Beziehung zu Gott verstehen, kann diese Beziehung eine kostbare Stütze für das Vertrauen sein, das sie den anderen Menschen in der Begegnung schenken. Dieses Gottvertrauen darf allerdings nicht als unbedingte Treue zu einer Lehre oder zu Praktiken verstanden werden, die allein einen Anspruch auf Richtigkeit erheben können. Denn eine solche Treue unterminiert die Möglichkeit einer interreligiösen Begegnung, bei der es mindestens zwei als solche anerkannten Religionen gibt. Und natürlich ist es auch nicht ein Vertrauen im Sinne eines „Gott mit uns", das einen Sieg über andere aber keinen

Frieden mit ihnen verspricht. Das Gottvertrauen, von dem hier die Rede ist, ist eher eine affektive Einstellung, die von den Glaubenden als eine Gewissheit verstanden und erlebt werden kann, die der Gewissheit von Kindern in Bezug auf ihre Vertrauenspersonen ähnelt (vgl. Lahno 2003, S. 12). Es ist die Gewissheit, dass sie auch in schweren Zeiten und in schwierigen Situationen nicht allein sein werden. Sie gibt ihnen Rückhalt in vielen Situationen des Lebens, so auch in Bezug auf ein Vertrauen, für das es keine Absicherung gibt.

Das Gottvertrauen kann aber auch als die Gewissheit verstanden und gelebt werden, dass Gottes Gnade für die Richtigkeit dessen sorgt, was passiert, was auch immer passieren mag. Dann bedarf das Vertrauen in andere Menschen keiner weiteren Bedingung. Vielleicht ist es aber auch kein Wagnis mehr und kann deswegen kaum noch als Vertrauen gelten.

Doch auch ohne diese letzte Art des Gottvertrauens und die Gewissheit, die sie verleiht, können sowohl das Arendtsche Vertrauen auf das Menschliche im Menschen als wichtige Voraussetzung des Vertrauens gelten wie auch eine bestimmte Art des Gottvertrauens als eine wichtige Unterstützung angesehen werden. Auf dieser Basis scheint es möglich und dann auch erforderlich, trotz aller Unsicherheit in Bezug auf interkulturelle und interreligiöse Begegnungen in Friedensfragen, mit Martin Buber auszurufen: „Unterfangen wir uns, trotz allem, zu vertrauen!" (Buber 2003 [1953], S. 101).

Literatur

Améry, Jean. 1977. *Jenseits von Schuld und Sühne*. Stuttgart: Klett Cotta.

Arendt, Hannah. 1996. Fernsehgespräch mit Günter Gaus. In *Ich will verstehen. Selbstauskünfte zu Leben und Werk*, hrsg. von Ursula Ludz. München: Piper.

Augustinus. 1978 [413-426]. *Vom Gottesstaat*, Band II. 2., vollständig überarbeitete Ausgabe. Zürich: Artemis.

Baier, Annette. 2001. Vertrauen und seine Grenzen. In *Vertrauen. Die Grundlage des sozialen Zusammenhalts*, hrsg. von Martin Hartmann und Claus Offe, 37–84. Frankfurt a. M.: Campus.

Buber, Martin. 2003 [1953]. Das echte Gespräch und die Möglichkeiten des Friedens. In *Werkausgabe. Bd. 6, Sprachphilosophische Schriften*, hrsg. von Asher D. Biemann, 95–101. Gütersloh: Gütersloher Verlagshaus.

Courau, Thierry-Marie. 2013. Das Vertrauen – Schlüssel zur Verständigung zwischen Sprechern verschiedener Sprachen. Zum Treffen europäischer Theologen und Theologinnen in Brixen. *Concilium. Internationale Zeitschrift für Theologie* 49 (5): 635–642.

Delhom, Pascal. 2007. Das Wagnis des Vertrauens. In *Denkwege des Friedens. Aporien und Perspektiven*, hrsg. von Pascal Delhom und Alfred Hirsch, 334–361. Freiburg i. Br.: Alber.

Delhom, Pascal. 2015. Frieden mit Verantwortung und Vertrauen. Versuch über den Frieden als soziale Tugend. In *Friedensgesellschaften – Zwischen Verantwortung und Vertrauen*, hrsg. von Alfred Hirsch und Pascal Delhom, 227–262. Freiburg i. Br.: Alber.

Frevert, Ute. 2013. *Vertrauensfragen. Eine Obsession der Moderne*. München: Beck.

Fukuyama, Francis. 1995. *Trust. The Social Virtues and the Creation of Prosperity*. New York: Free Press Paperbacks, Simon & Schuster Inc.

Hunziker, Andreas und Simon Peng-Keller. 2009. Gott vertrauen – was heißt das? *Reformatio* 58 (4): 264–271.

Koppe, Karlheinz. 2001. *Der vergessene Frieden. Friedensvorstellungen von der Antike bis zur Gegenwart*. Opladen: Leske + Budrich.

Lahno, Bernd. 2003. Gottvertrauen. *Analyse & Kritik* 25 (1): 1–16.

Luhmann, Niklas. 2000. *Vertrauen. Ein Mechanismus der Reduktion sozialer Komplexität*, 4. Aufl. Stuttgart: Lucius & Lucius.

Simmel, Georg. 1989 [1900]. *Philosophie des Geldes*, hrsg. von David P. Frisby und Klaus Christian Köhnke. Frankfurt a. M.: Suhrkamp.

Simmel, Georg. 1992 [1908]. *Soziologie. Untersuchungen über die Formen der Vergesellschaftung*, hrsg. von Otthein Rammstedt. Frankfurt a. M.: Suhrkamp.

Sztompka, Piotr. 1999. *Trust. A Sociological Theory*. Cambridge: Cambridge University Press.

Ausblick: Wie lässt sich der Pluralismus in der Ethik aufrechterhalten?

Reiner Anselm

1 Pluralismus als Defizit?

Wer eine Position der Evangelischen Kirche zu Militäreinsätzen herausfinden wolle, der müsse wohl konstatieren: „Es gibt sie nicht" – so kritisierte Frank Drieschner im Juli 2018 (S. 3) in einem Beitrag für die ZEIT-Beilage „Christ und Welt" die Positionierung der EKD in diesen Fragen. Nicht, dass es sich der Protestantismus einfach machen würde, jedoch:

> „Der Preis für diese ergebnislose Nachdenklichkeit ist allerdings hoch. Vom Pazifismus der ehemaligen EKD-Vorsitzenden Margot Käßmann […] bis zur Einsatzfreude des Pfarrers und damaligen Bundespräsidenten Joachim Gauck […] hat die evangelische Kirche für jede Ansicht und jedes Interesse die passende Stellungnahme im Angebot" (Drieschner 2018, S. 3).

Grund genug also, sich über die Frage aufzuklären, welche Eindeutigkeit in (friedens-)ethischen Konfliktfällen für plurale Gesellschaften zu erreichen ist und welche Rolle dem Protestantismus dabei zukommen könnte.

© Springer Fachmedien Wiesbaden GmbH, ein Teil von Springer Nature 2019
S. Jäger und R. Anselm (Hrsg.), *Ethik in pluralen Gesellschaften*,
Gerechter Frieden, https://doi.org/10.1007/978-3-658-23791-2_8

Bemerkenswert an Drieschners Analyse ist zweierlei: Zum einen die ganz selbstverständlich unterstellte Erwartung, dass es eine gesamtgesellschaftlich relevante und orientierende friedensethische Position der Kirchen in Deutschland gebe, zum anderen die Auffassung, dass eine solche Position für die jeweiligen Kirchen beziehungsweise Konfessionsgemeinschaften eine einheitliche sein sollte. Beides deutet darauf hin, dass der Autor das Verhältnis von Kirche und Gesellschaft in Analogie zur Smend'schen Koordinationslehre bestimmt wissen möchte, bei der sich Kirche und Staat als zwei eigenständige und gleichberechtigte Größen gegenüberstehen. Aufgabe der Kirchen ist es in dieser Sicht, eine ethische Position in den gesellschaftlichen Meinungsbildungsprozess einzubringen, und zwar so, dass diese als eine eindeutig identifizierbare sich orientierend auswirkt. Dass es sich bei den Kirchen, gerade bei den evangelischen Kirchen, um einen Teil der Gesellschaft handelt, dass also die Pluralität gesellschaftlicher Positionen sich auch auswirkt auf die innerkirchliche Urteilsbildung, scheint demgegenüber keine Option zu sein – ebensowenig wie der eigentlich doch naheliegende Gedanke, dass Anhängerinnen und Anhänger einer Religionsgemeinschaft ja auch und gerade in liberalen Gesellschaften gleichberechtigte Bürgerinnen und Bürger sind. Denn wäre nicht viel eher danach zu fragen, auf welche Weise die unterschiedlichen Auffassungen in Fragen der politischen Urteilsbildung und damit auch der Friedensethik moderiert werden, welche Quellen und Instanzen, auch welche Verfahren für die Formulierung von Positionen, idealerweise gemeinsamen Positionen, genutzt werden?

Im Hintergrund dieser Analyse steht offenbar ein doppeltes Defizitbewusstsein, einmal auf der Seite der Religion, einmal auf der Seite der säkularen Gesellschaft: Während es den religiösen Traditionen, in diesem Fall ganz besonders dem evangelischen Christentum, am Anspruch der Allgemeinverbindlichkeit mangelt, ist die Sphäre der säkularen Gesellschaft durch einen Mangel an Zielbestimmungen für das gute Leben gekennzeichnet, aus dem nicht nur eine Orientierungslosigkeit, sondern auch ein Fehlen an Motivationskraft für ethisches Handeln resultieren. Eine produktive Zusammenarbeit beider Bereiche wird dementsprechend in einer gegenseitigen Ergänzung gesehen: Während die Religion Zielbestimmung und Motivationskräfte beisteuert, können die säkulare Gesellschaft und ihre Mechanismen die Allgemeingültigkeit garantieren. Der Bezug der Religion auf die Gesellschaft hat daher in einer Weise zu erfolgen, die in der Lage ist, die Partikularität der Religion in die Allgemeingültigkeit und die Allgemeinverbindlichkeit der politischen Ordnung zu überführen. Ethik in pluralen Gesellschaften bedeutet dann die Überführung der fragmentierten, stets nur relative und individuelle Geltung beanspruchenden weltanschaulich-religiösen Vorstellungen in eine allgemein-säkulare Ethik.

Es kann nun nicht verwundern, dass vor allem zwei in der letzten Zeit ausgearbeitete Theoriefiguren den Fokus der in diesem Band versammelten Beiträge bilden: theologischerseits das Konzept der Öffentlichen Theologie und ihre Forderung nach einer Zweisprachigkeit zwischen christlicher und säkularer Sprache, philosophischerseits diejenige Konzeption einer postsäkularen Ethik, mit der Jürgen Habermas seine ursprünglich als posttraditionale, kognitive Verantwortungsethik konzipierte Ethik ergänzt hat. Beide Konzepte intendieren eine Vermittlung zwischen Religion und säkularer Gesellschaft, wenn auch mit etwas anderer Zielsetzung: Während es der Öffentlichen Theologie vorrangig darum geht, das Orientierungspotenzial des Christentums so in der Sprache der säkularen Gesellschaft zum Ausdruck zu bringen, dass es von dieser übernommen werden kann, ist es der Habermas'schen postsäkularen Ethik darum zu tun, die Defizite einer kognitivistischen Moral durch die Religion auszugleichen, ohne jedoch den

Primat dieser Moral und damit den Vorrang des Richtigen vor dem Guten aufzugeben.

Beiden Theorien ist – wie auch den Beiträgen dieses Bandes – zudem gemein, dass sie zwar nicht mehr auf der Basis einer einfachen Säkularisierungstheorie beziehungsweise, aus der Perspektive der Theologie gesprochen, auch nicht mehr mit antisäkularem Absolutheitsanspruch der Religion argumentieren. Weder ist davon die Rede, dass religiöse Überzeugungen im öffentlichen Raum entweder sowieso modernisierungsbedingt auf dem Rückzug sind oder aber aufgrund der Erfordernisse eines liberalen, weltanschaulichen Gemeinwesens zu einem entsprechenden Rückzug genötigt werden müssen, noch wird der Allgemeinheitsanspruch der säkularen Vernunft negiert. Jedoch teilen beide Positionen die Vorstellung, dass nur die „säkulare Option" diejenige Allgemeinverbindlichkeit leisten könne, die angesichts drängender nationaler und internationaler Konflikte für eine gewaltfreie und zugleich alle Seiten verpflichtende Lösung unbedingt erforderlich wäre. Diese Vorordnung des Säkularen als Referenzrahmen für die Entfaltung von Religion wird sogar von Wilhelm Gräb noch radikalisiert, indem er konstatiert, dass die säkulare, religionsneutrale Gesellschaft nicht nur die negative Religionsfreiheit ermöglicht habe, sondern auch erst die Freiräume für eine Entfaltung positiver Religionsfreiheit geschaffen habe: Die Ausbildung des Säkularen der Gesellschaft eröffnet der Religion neue Gestaltungsspielräume und ermöglicht ihr zugleich die Konzentration auf ihr Eigenes, nämlich ein sinndeutendes Verhalten auch zu den Erfahrungen, in denen aller Sinn sich entzieht. Diesen Sinn auch denen zu vermitteln, die mit der religiösen Sprache nicht vertraut sind, ist die Aufgabe der religiösen Kommunikation. Mit dieser Aufgabenbeschreibung sind dabei erneut die Theorieprogramme der Habermas'schen postsäkularen Ethik und der Öffentlichen Theologie aufgerufen. Insbesondere die Aufforderung, die Theologie müsse in der Lage sein, zwischen dem

Religiösen und dem Säkularen kommunikativ zu vermitteln, steht in deutlicher Nähe zu der von den Vertreterinnen und Vertretern der Öffentlichen Theologie immer wiederholten Sprechweise von der Zweisprachigkeit theologisch-religiöser Kommunikation. Möglicherweise lässt sich sogar formulieren: Die Öffentliche Theologie möchte genau das einlösen, was Habermas vom Agieren der Religion im öffentlichen Raum fordert.

Nun wird man für die christliche Theologie kaum in Abrede stellen können, dass sie seit jeher sich darum bemüht hat, die Gehalte der christlichen Botschaft in der Sprache der sie umgebenden Welterfahrung und des allgemeinen Wahrheitsbewusstseins zum Ausdruck zu bringen. Das gilt bereits, soweit fassbar, für die Verkündigung Jesu, es gilt aber erst recht für den Versuch schon der neutestamentlichen Schriftsteller, diese Verkündigung einzuzeichnen in die eigene Gegenwart. Über die Bemühungen der altkirchlichen Apologetik, dem groß angelegten Vermittlungsprogramm der Scholastik, der Verarbeitung von Renaissance und Humanismus in der Reformationszeit, der barocken Dogmatik bis hin in die neuzeitlichen, durch Aufklärung, Idealismus sowie den die Auseinandersetzung mit den jeweiligen akademischen Leitdisziplinen geprägten Entwürfen der Theologie spannt sich hier ein großer Bogen. Allerdings sind, und hier dürfte doch ein gewichtiger Unterschied zur gegenwärtigen Aufforderung liegen, die eigenen Gehalte in der säkularen Sprache zur Geltung zu bringen, diese Versuche eben an der Vermittlung zwischen dem *Christianum* und dem *Humanum* interessiert, nicht an der Anerkennung und gar der Aufrechterhaltung der Differenz zwischen dem Säkularen und dem Religiösen. Aus unterschiedlichen Motiven heraus scheint aber die Öffentliche Theologie ebenso wie die postsäkulare Ethik im Gefolge von Habermas ein Interesse am Aufrechterhalten dieser Differenz zu haben. Bei Habermas resultiert es aus der Überzeugung heraus, dass letztlich im öffentlichen Raum nur säkulare oder zumindest ins säkulare übersetzte Figuren der Religion allgemeine Geltung beanspruchen können. In der Öffentlichen Theologie ist es dagegen gerade der besondere, umfassendere Wahrheitsanspruch des Glaubens, der sie an der Differenz festhalten lässt.

2   Die Leistungskraft religiöser Sprache

Über die Schwierigkeiten beider Theorieprogramme gibt der Beitrag von Martin Laube in diesem Band einen umfassenden Überblick; insbesondere verweist er auch auf die Problematik einer verkürzten Verwendung des Übersetzungs- und Zweisprachigkeitsparadigmas. Denn die Herausforderung besteht hier gerade darin, den spezifischen Mehrwert der religiösen Sprache bei der Übersetzung nicht verschwinden zu lassen, ohne allerdings, wie es in manchen Beiträgen der Öffentlichen Theologie geschieht, in einem moralisierenden Grundzug die Sprache der Religion unmittelbar in politische Handlungsimpulse übersetzen zu wollen. Und umgekehrt sollte es auch nicht das Ziel der Inanspruchnahme religiöser Semantiken durch die säkulare Ethik sein, diese zur Bekräftigung eigener Absolutheitsansprüche und damit ebenfalls zur moralischen Aufrüstung der eigenen Position zu usurpieren.

In diesen abschließenden Bemerkungen, die zugleich Impulse für eine Weiterarbeit am Thema „Ethik in pluralen Gesellschaften" darstellen, soll darum ein anderer Aspekt im Vordergrund stehen, die Frage nämlich, worin denn dieser Mehrwert der religiösen Sprache bestehen könne. Anders als es sowohl das Habermas-Paradigma als auch das Konzept der Öffentlichen Theologie nahelegen, besteht, so die hier vertretene These, dieser Mehrwert der religiösen Sprache gerade nicht in einer Ergänzung der allgemeinen, säkularen Auffassung des Zusammenlebens um eine zielbestimmende, sinnstiftende oder motivationsvermittelnde

Komponente. Prononciert formuliert, besteht der Mehrwert gerade nicht in einer Schließung von Lücken, sondern im Präsenthalten von Unabgeglichenheiten. In dieser Perspektive erscheint dann auch die Allgemeinverbindlichkeit der säkular vertretenen Sprache der Moral nicht als Auszeichnung, sondern gerade als Problem, während umgekehrt die Partikularität der Religion gerade kein Manko, sondern die spezifische Stärke für eine Ethik in pluralen Gesellschaften darstellt.

Diese Stoßrichtung wird deutlich, wenn man sich die Struktur ethischer Konflikte genauer vor Augen führt. Solche Konflikte entstehen ja in aller Regel gerade nicht aus dem Fehlen starker moralischer Überzeugungen, sondern daraus, dass solche starken Wertungen im Übermaß vorhanden sind und miteinander in Konflikt geraten. Die Aufgabe der Religion, gerade auch der religiösen Sprache in pluralen Gesellschaften, besteht daher darin, die Tendenzen der Selbstabsolutsetzung dieser Wertungen zu absorbieren. Denn solchen Werten wohnt ein Sakralisierungspotenzial inne, das säkulare Argumentationsmuster – durchaus in Analogie zu der schon von Max Horkheimer und Theodor W. Adorno diagnostizierten Dialektik der Aufklärung – in unhinterfragbar gültige, selbst Absolutheit beanspruchende Überzeugungen zu transformieren droht. Um es am Beispiel der Menschenrechte zu verdeutlichen: Der Gedanke der Sakralität der Person, den Hans Joas (2011) in seiner breit angelegten Rekonstruktion der Geschichte der Menschenrechte in den Mittelpunkt gestellt hat, läuft beständig Gefahr, in eine Sakralisierung einer bestimmten Menschenrechtsinterpretation zu führen, bei der etwa die liberale, am Gedanken der Vorstaatlichkeit der Rechte ausgerichtete Sichtweise in Konkurrenz tritt mit dem Modell des republikanischen Denkens, das diese Rechte als Ausfluss des politischen Willens eines Kollektivs, etwa einer Bürgerschaft, versteht.

Wie destruktiv solche Konflikte sein können, wird augenblick-
lich an den erbittert geführten Debatten um die Migration deutlich,
bei denen um das Verhältnis von Recht und Volkssouveränität
gestritten wird. Aufgabe der Religion kann es hier nicht sein, für
eine der beiden Positionen, die durchaus ihr jeweiliges Recht beanspruchen können, Partei zu ergreifen und damit der ohnehin vorhandenen Sakralisierungstendenz politischer Positionen Vorschub
zu leisten. Vielmehr besteht ihre Aufgabe darin, das Sakralisierungspotenzial selbst aufzunehmen und darauf zu verweisen, dass
allein im Kontext religiöser, eben nicht politischer Anschauungen
jene Gewissheiten zu erzielen sind, die solche Sakralisierungen der
politischen Kommunikation für sich beanspruchen. Die hiermit
gegebenen Herausforderungen lassen sich durchaus auch an der
Sprechweise vom gerechten Frieden deutlich machen, dem Dirck
Ackermann in seinem Beitrag nachgeht. Sicher ist es richtig, dass
das besondere Potenzial, das die biblische Semantik des Friedens
in sich birgt, nicht zur Geltung kommt, wenn das Konzept des
gerechten Friedens allein in den Kategorien der säkularen Vernunft
rekonstruiert wird. Allerdings darf diese Einsicht eben nicht den
Blick dafür verstellen, dass die theologische Anreicherung des
Friedensbegriffs in der Gefahr steht, eine bestimmte Auffassung des
Friedens den Diskursen des Politischen zu entziehen. Damit aber
kommt es zu einer – ja durchaus intendierten – Anreicherung des
Friedensbegriffs, die letztlich antipluralistisch wirkt. Der Mehrwert
der religiösen Semantik muss demgegenüber darin bestehen, den
transzendenten Überschuss, der aus der konstitutiv an das Subjekt
gebundenen Erkenntnis resultiert, die jedoch immer dazu tendiert,
ihre spezifische Perspektive absolut zu setzen, aufzufangen. Solche
Erfahrungen müssen als Erfahrungen von Transzendenz verbalisiert
werden, als Erfahrung also, die auf einer anderen Ebene liegen als
das, was im Politischen erreichbar ist.

3   Pluralismus als bleibende Aufgabe theologischer Reflexion

Diese Aufgabe kann die Religion aber nur dann erfüllen, wenn sie einhergeht mit der theologischen Selbstreflexion ihres eigenen Handelns. Prinzipiell ist das für die meisten großen Religionstraditionen möglich, allerdings wird man auch konstatieren müssen, dass die Praxis einer solchen Selbstreflexion im evangelischen Christentum besonders ausgeprägt ist und in dieser Weise wohl nur von bestimmten Formen des liberalen Judentums und des liberalen Islams sowie des Katholizismus erreicht wird. Zu dieser Selbstreflexion gehört sowohl die im Beitrag von André Munzinger im Anschluss an Überlegungen Friedrich Schleiermachers festgehaltene Einsicht, dass Religion nur in der Vielfältigkeit ihrer individuellen Anschauungen und partikularen Realisierungen greifbar ist. Religion gibt es nur in der Form konkreter Religionskulturen, und diese bleiben notwendig an die Partikularität menschlicher Einsicht gebunden. Zu dieser Selbstreflexion gehört aber auch, diesen Gedanken der immer nur in ihrer empirischen Brechung zugänglichen Religion als Relativierung der Religion zu formulieren. Diese Überlegung, die sich in dieser Weise auf die aufklärerische Erkenntniskritik zurückführen lässt, kann man in den Kategorien der theologischen Reflexion noch sehr viel präziser fassen. Der Gottesgedanke steht ja gerade dafür, dass menschliches Denken konstitutiv keine Absolutheit beanspruchen kann: Gerade die evangelische Tradition hat mit Nachdruck die Unterschiedenheit zwischen Gott und Welt, zwischen Schöpfer und Geschöpf, hervorgehoben. Die Lehre von der Rechtfertigung des Sünders allein aus Gnade, die den Kern der reformatorischen Theologie bildet, beruht ebenfalls auf der Einsicht, dass es dem Menschen konstitutiv unmöglich ist, von sich aus die Differenz zwischen Gott und Mensch zu überwinden.

An den Leitbegriffen des Konziliaren Prozesses, an der Trias
Frieden – Gerechtigkeit – Bewahrung der Schöpfung, lässt sich
diese Funktion religiöser Semantik gut verdeutlichen. Die Schlüsselbegriffe knüpfen unverkennbar an die Grundelemente der
christlichen Tradition an: Während der Frieden in Anknüpfung
an alttestamentliche Vorstellungen mehr bedeuten soll als nur die
Abwesenheit von Krieg und damit auf einen Zustand eschatologi-
scher Gemeinschaft zielt, fokussiert der Gerechtigkeitsbegriff in
einer theologischen Perspektive unverkennbar auf das Werk Christi.
In der Formel von der „Bewahrung der Schöpfung" schließlich ist
die Anknüpfung an das Lehrstück von Gott als dem Schöpfer der
Welt unverkennbar. Die eigentliche Pointe dieser Begriffstrias liegt
nun gerade nicht darin, dass sie konkrete politische Programme
theologisch aufrüsten und ihnen eine spezifische Sinndeutung oder
Motivationskraft verleihen. Sie besteht vielmehr darin, dass hier ein
semantischer Mehrwert transportiert wird, der aus der Unschärfe
der religiösen Sprache resultiert. Er ermöglicht es, unterschiedliche
Deutungsmodelle in diese Begrifflichkeiten einzutragen, ohne
jedoch einer diffusen Beliebigkeit anheimzufallen.

In dieser Unschärfe, die als Horizont für unterschiedliche
Handlungsoptionen fungieren kann, wird zugleich der Transzen-
denzüberschuss eingefangen, der allen konkreten Entscheidungen
dann innewohnt, wenn sie sich nicht darüber aufklären können,
dass sie vor dem Hintergrund des Absoluten stets nur als relative
Wahrheiten, als vorläufig und fehlbar zu stehen kommen. Denn
das überschießende Sinnpotenzial religiöser Sprache macht genau
das deutlich: der Frieden, die Gerechtigkeit und die Bewahrung
der Schöpfung sind durch menschliches Handeln nur annähe-
rungsweise, nicht aber in ihrer Totalität, erreichbar.

Dies vor Augen, stellt sich das Verhältnis zwischen der Partikularität religiöser Begründungen und der Universalität der
säkularen Vernunft anders dar: Die Partikularität bedeutet in

dieser Perspektive gerade keinen Makel, kein Defizit, sondern sie stellt für das Politische ein wichtiges Regulativ dar. Denn die Partikularität der Religion resultiert gerade daraus, dass sie die menschliche Entsprechung zu einem absoluten Gottesgedanken darstellt, der stets nur in geschichtlichen und damit wandelbaren und relativen Ausprägungen fassbar ist. Mit diesem Bewusstsein fungiert sie aber zugleich als Kontrapunkt zu jeder Sakralisierung der säkularen Vernunft und damit auch des Politischen. Beide laufen beständig Gefahr, sich selbst absolut zu setzen. Die Aufgabe einer religionsbasierten Ethik besteht demgegenüber darin, auf der Grundlage ihres Gottesbezugs zur Säkularisierung weltlicher Urteilsbildung beizutragen. Um dies zu erreichen, ist jedoch, wie bereits erwähnt, eine Selbstbeschränkung der Religion vonnöten, die aus der theologischen Reflexion von Religion resultiert. Ebenso wie die Theologie, die zwischen dem Unbedingten des Gottesgedankens und seinen immer nur geschichtlich relativen Realisierungsformen zu unterscheiden vermag, die Bedingung für den Religionsdialog darstellt, so bildet sie auch die entscheidende Voraussetzung für eine säkulare Selbstbegrenzung der Vernunft und damit zugleich des Politischen. Beide, Theologie und Religion, werden jedoch gleichermaßen zum Problem, wenn sie selbst der Versuchung erliegen, konkrete politische Entscheidungen aus dem Gottesglauben zu legitimieren.

Mit dieser Überlegung ist zugleich ein Gedanke Ernst Troeltschs aufgenommen, der in den einleitenden Überlegungen zu seiner breit angelegten Studie zu den „Grundproblemen der Ethik" die Dialektik zwischen dem Bestreiten eines religiös-metaphysischen Grundes der Ethik und der Selbstabsolutsetzung einer säkularen Ethik am Beispiel Friedrich Nietzsches illustriert hatte. Denn, so Troeltsch, bei Nietzsche lasse sich beobachten, wie es zu einer „Steigerung des Individuums zu einer nur von ihm selbst abzuschätzenden Höhe" komme. Daher führe die Ethik aus der „Leugnung der Idee zu einer immer stärkeren Heranziehung prinzipieller metaphysischer und geschichtsphilosophischer Betrachtungen […]; sie enthalten dann naturgemäß immer ein Element der prinzipiell-idealistischen Weltbetrachtung und damit der Religion" (Troeltsch 1913, S. 552f.).

Troeltschs Prognose, vor diesem Hintergrund seien intensivere Forschungen und Bemühungen um die Rolle der Religion notwendig, ist unvermindert aktuell. Es stellt die bleibende Aufgabe der theologischen Ethik dar, sicherzustellen, dass eine Ethik im Pluralismus möglich bleibt. Insofern wäre Frank Drieschner entgegenzuhalten: Die Tatsache, dass es keine einheitliche Position des Protestantismus in Friedensfragen gibt, ist nicht zu beklagen, sondern zunächst einmal zu begrüßen. Denn sie verweist darauf, dass politische Fragen als politische gelöst werden müssen und in ihrer Umstrittenheit nicht stillgestellt werden dürfen durch den Verweis auf eine religiöse Semantik. Allerdings ist ein Pluralismus der Positionen, hier ist Drieschner ausdrücklich zuzustimmen, kein Selbstzweck. Eine protestantische Stellungnahme zu konkreten politischen Konfliktfeldern muss daher versuchen, das Verbindende auszuloten und über die Figur des Kompromisses, auch durch die eingangs angesprochene Inanspruchnahme von Verfahren, zu gemeinsam getragenen Lösungen zu gelangen. Wie ich an anderer Stelle dargelegt habe, kann der dreifache ethische Imperativ des christlichen Glaubens, der Respekt vor der Weltlichkeit der Welt als Konsequenz des ersten, die Ermöglichung von Freiheit in der Gemeinschaft als Konsequenz des zweiten und die Gewährleistung der Zukunftsfähigkeit des menschlichen Handelns als Konsequenz des dritten Glaubensartikels hierfür Anhaltspunkte bieten (Anselm 2015).

Literatur

Anselm, Reiner. 2015. Politische Ethik. In *Handbuch der Evangelischen Ethik*, hrsg. von Wolfgang Huber, Torsten Meireis und Hans-Richard Reuter, 195–263. München: C.H. Beck.

Drieschner, Frank. 2018. Jein zum Krieg. Zwei Kirchen, drei Meinungen: Wie Protestanten und Katholiken um Militäreinsätze streiten. *Christ und Welt* 8 (31): 3.

Joas, Hans. 2011. *Die Sakralität der Person. Eine neue Genealogie der Menschenrechte*. Berlin: Suhrkamp.

Troeltsch, Ernst. 1913. Grundprobleme der Ethik. In *Gesammelte Schriften von Ernst Troeltsch. Bd. 2: Zur religiösen Lage, Religionsphilosophie und Ethik*, 552–672. Tübingen: J.C.B. Mohr (Paul Siebeck).

Autorinnen und Autoren

Dirck Ackermann, Dr. theol., Leitender Militärdekan und Leiter des Referates II im Evangelischen Kirchenamt für die Bundeswehr (EKA)

Reiner Anselm, Dr. theol. habil., Professor für Systematische Theologie und Ethik an der Ludwig-Maximilians-Universität München und Vorsitzender der Kammer für Öffentliche Verantwortung der Evangelischen Kirche in Deutschland

Pascal Delhom, Dr. phil., Akademischer Rat am Philosophischen Seminar der Europa-Universität Flensburg

Johannes J. Frühbauer, Dr. theol., Wissenschaftlicher Mitarbeiter an der Forschungsstätte der Evangelischen Studiengemeinschaft e. V. in Heidelberg

Wilhelm Gräb, Dr. theol. habil, emeritierter Professor für Praktische Theologie an der Humboldt-Universität zu Berlin und Extraordinary Professor an der Theologischen Fakultät der Universität Stellenbosch, Südafrika

Sarah Jäger, Dr. theol., Wissenschaftliche Mitarbeiterin an der Forschungsstätte der Evangelischen Studiengemeinschaft e. V. in Heidelberg

Martin Laube, Dr. theol. habil., Professor für Systematische Theologie (Lehrstuhl für Reformierte Theologie), Universität Göttingen

André Munzinger, Dr. theol. habil., Professor für Systematische Theologie mit Schwerpunkt Ethik an der Christian-Albrechts-Universität zu Kiel

Printed in the United States
by Baker & Taylor Publisher Services